TERAPIA COGNITIVO-CONDUCTUAL

LA GUÍA PRÁCTICA PARA SUPERAR LA ANSIEDAD, LOS PENSAMIENTOS NEGATIVOS, LA IRA Y MEJORAR TU VIDA DIARIA

MATTIA PONZO

DESCARGO DE RESPONSABILIDAD

Este libro no pretende sustituir el consejo médico. Se recomienda al lector que consulte con un profesional de la salud en caso de cualquier duda relacionada con su bienestar, en particular para cualquier síntoma que pueda requerir diagnóstico o tratamiento médico.

La información proporcionada en este libro es solamente para fines informativos generales. Si bien nos esforzamos por mantener esta información actualizada y correcta, no se ofrecen aseguramientos ni garantías, expresas o implícitas, sobre la integridad, exactitud, fiabilidad, idoneidad o disponibilidad de la información, productos, servicios o gráficos relacionados en este libro para cualquier alcance.

El uso de esta información corre por cuenta y riesgo del lector. Los métodos descritos en este libro reflejan únicamente las opiniones del autor y no deben considerarse como un conjunto exhaustivo de instrucciones para ningún proyecto específico. Existen otros métodos y materiales que podrían utilizarse para obtener resultados similares.

ÍNDICE

INTRODUCCIÓN

La terapia cognitivo-conductual (TCC) es un método terapéutico altamente reconocido en el campo de la psicología. La TCC, como cualquier otro enfoque terapéutico, tiene sus limitaciones, pero lo positivo es que se siguen realizando avances para mejorar su eficacia. No obstante, la TCC es uno de los métodos terapéuticos más efectivos que existen.

La terapia cognitivo-conductual te ayudará a tratar la ansiedad, la depresión, el trastorno de estrés postraumático, el trastorno de pánico, el trastorno obsesivo-compulsivo y más. No tendrás que seguir sufriendo en silencio; podrás aprender a sanar y a vivir una vida plena nuevamente.

Una ventaja importante es que suele ser de corta duración, ya que la mayoría de los problemas emocionales suelen resolverse en un período de cinco a diez meses. La terapia cognitivo-conductual es verdaderamente transformadora y, con un poco de esfuerzo diario, puedes mejorar toda tu vida.

Podrás aprender a comprender mejor tu mente, superar pensamientos intrusivos, manejar el estrés diario y transformar tus patrones de pensamiento negativos en algo más positivo.

CAPÍTULO 1: PSICOTERAPIA

¿Alguna vez se ha sentido extremadamente abrumado por sus problemas, hasta el punto de no poder manejarlos, y mucho menos enfrentarlos? Si es así, no estás solo.

Muchas personas en Italia intentan dejar de fumar, perder peso o controlar una enfermedad grave. Otros necesitan ayuda para superar el abuso de sustancias, el estrés, la muerte de un ser querido, la pérdida del trabajo, problemas de relación u otros desafíos.

A menudo, estos problemas pueden volverse devastadores, insoportables e incluso incapacitantes. En el peor de los casos, pueden hacer que quienes los padecen se sientan impotentes ante la situación.

Cuando una persona se siente así, es una clara señal de depresión, ansiedad u otros trastornos mentales. En Estados Unidos, el Instituto Nacional de Salud Mental (NIMH) estimó que 1 de cada 4 adultos estadounidenses sufre de trastornos mentales, los más comunes de los cuales son la depresión y la ansiedad, en un año determinado.

¿Qué es la psicoterapia?

Muchos términos y distinciones en el mundo de la psicología y la psiquiatría se confunden fácilmente con el tiempo. Puede resultar abrumador comprender los múltiples significados de ciertas palabras. Es fácil confundir el psicoanálisis con la psicoterapia, los psicólogos con los psiquiatras y muchas otras terminologías relacionadas que utilizan quienes buscan tratar problemas de salud mental o estudiar la mente hoy en día. Por este motivo, y antes de continuar, aclaremos las definiciones de palabras clave específicas que discutiremos a lo largo del libro. Dicho esto, aprendamos qué es exactamente la psicoterapia.

La psicoterapia se aplica para tratar trastornos mentales, como la depresión o la ansiedad. También llamada terapia psicológica, es una forma de ayudar a personas con una amplia variedad de dificultades emocionales y enfermedades mentales. Trata temas que incluyen dificultades por la muerte de un ser querido, enfermedades graves, el impacto del trauma y, básicamente, cómo afrontar la vida cotidiana. Ayuda a controlar o eliminar síntomas preocupantes para permitir que la persona funcione mejor, promoviendo la recuperación y el bienestar. Para permitir que las personas desarrollen hábitos más eficaces y saludables, en las sesiones de psicoterapia se utilizan procedimientos científicamente validados. Cada sesión proporciona un entorno de apoyo y colaboración que fomenta la relación entre paciente y terapeuta.

Esto permite al paciente hablar abiertamente con un psicoterapeuta imparcial, objetivo y sin prejuicios. Y debido a que toda una sesión se basa en el diálogo, tanto el paciente como el psicoterapeuta pueden trabajar juntos para identificar y, en última instancia, cambiar patrones debilitantes en el comportamiento y los pensamientos.

Además de abordar problemas emocionales y mentales, la psicoterapia puede enseñar a los pacientes nuevas habilidades para afrontar mejor los desafíos de la vida una vez finalizado el tratamiento. Esto garantiza que los pacientes sepan qué hacer cuando surjan problemas similares en el futuro. A través de la psicoterapia, los pacientes pueden vivir vidas más plenas, saludables y satisfactorias.

Al considerar la psicoterapia, puede elegir entre varios enfoques, incluida la cada vez más popular terapia cognitivo-conductual. Sin embargo, es posible que algunos tipos solo funcionen mejor con ciertos problemas o situaciones. También se puede utilizar en combinación con otras terapias o medicación.

El psicoterapeuta

Varios tipos diferentes de profesionales de la salud pueden proporcionar psicoterapia. Esto incluye enfermeras psiquiátricas, terapeutas matrimoniales y familiares certificados, consejeros profesionales certificados, trabajadores sociales certificados, psicólogos, psiquiatras y otras personas con capacitación especializada en psicoterapia. Sin embargo, entre todos estos profesionales, solo los psiquiatras tienen formación en medicina y, por lo tanto, pueden prescribir medicación.

Es importante encontrar un psicoterapeuta con el que pueda trabajar bien. Puede consultar varias fuentes de referencia, incluidos programas de asistencia a empleados en el lugar de trabajo, centros de salud comunitarios, facultades de medicina, sociedades psiquiátricas locales, médicos de atención primaria y numerosos recursos en línea.

Psicoterapia y medicación

A veces, la psicoterapia se combina con medicación para tratar problemas de salud mental. Sin embargo, hay circunstancias en las que la psicoterapia por sí sola es la mejor opción, mientras que en otras la medicación puede ser claramente útil. También existen casos en los que ni la psicoterapia ni la medicación por sí solas son suficientes.

Para aprovechar al máximo el tratamiento de psicoterapia, dormir lo suficiente, hacer ejercicio regularmente, mantener una buena nutrición y otros hábitos de vida saludables pueden ser importantes para favorecer la recuperación y el bienestar general.

¿Funciona la psicoterapia?

Según datos recopilados por la Asociación Estadounidense de Psiquiatría, la psicoterapia se ha relacionado con cambios positivos tanto en el cuerpo como en la mente. También se ha demostrado que mejora los comportamientos y las emociones. Los beneficios adicionales incluyen una mayor satisfacción laboral, menos problemas de salud, una menor discapacidad y menos días de enfermedad.

La APA también afirmó que las investigaciones en psicoterapia han demostrado que las personas con ciertos problemas de salud mental han experimentado alivio de los síntomas después del tratamiento. Esto permitió que las personas pudieran desenvolverse mejor en su vida diaria.

Los investigadores pudieron determinar los efectos positivos de la psicoterapia en pacientes utilizando técnicas de neuroimagen. Además, numerosos estudios realizados en Harvard y por el NIMH han identificado que la psicoterapia es la causa de cambios en el cerebro de personas con enfermedades mentales.

Mientras tanto, Hasse Karlsson, psiquiatra jefe del Hospital Universitario de Turku en Finlandia y autor de *How Psychotherapy Changes the Brain*, mencionó en *Psychiatric Times* que los cambios cerebrales producidos por la psicoterapia suelen ser similares a los inducidos por los medicamentos. Sin embargo, la Asociación Estadounidense de Psiquiatría advierte que para aprovechar al máximo la psicoterapia es necesario seguir el plan de tratamiento, abordar la terapia como un esfuerzo de colaboración y ser abierto y honesto. Es recomendable realizar un seguimiento de todas las tareas posibles entre sesiones, como escribir un diario.

La crisis de salud mental en Estados Unidos que comenzó en la década de 1950 llevó a la psicoterapia a adoptar nuevas formas. La transformación de la terapia se alejó de las ideas aceptadas sin cuestionamiento de Sigmund Freud y su contemporáneo, el psiquiatra y psicoanalista suizo Carl Jung.

En aquella época, cuando Freud y Jung dominaban la escena, los psicoterapeutas exploraban ideas que lindaban con la filosofía y la religión. Utilizaban conceptos que sugerían vagamente un poder divino como fuente de su comprensión de los problemas de salud mental. En ese entonces, los terapeutas eran vistos como figuras trascendentes, personas que debían ser veneradas. Afortunadamente, esto ha cambiado desde entonces.

Hoy en día, los terapeutas son cálidos, amigables y afectuosos: el resultado de las necesidades de personas insatisfechas. Para comprender cómo la psicoterapia se ha convertido en una fuente necesaria de apoyo emocional, debemos analizar los diversos estudios realizados en las últimas seis décadas sobre la eficacia de la psicoterapia. De hecho, esta es otra de las razones por las cuales el tratamiento ha sido ampliamente aceptado en Estados Unidos: porque funciona.

Según la Asociación Estadounidense de Psicología, una investigación reveló que el 75% de los pacientes que recibieron psicoterapia experimentaron beneficios. Como se comentó en el primer capítulo, las personas con problemas de salud mental experimentan menos síntomas, lo que les permite desarrollarse plenamente en su vida cotidiana.

La psicoterapia se ha relacionado con cambios positivos en el cerebro y el cuerpo, favoreciendo una mejora emocional y conductual. Permite a las personas experimentar menos días de enfermedad y problemas médicos, menos discapacidad y, al mismo tiempo, aumenta la satisfacción con las tareas realizadas en el hogar y en el trabajo.

Los investigadores han descubierto que se producen cambios en el cerebro de una persona que ha recibido psicoterapia. Utilizando técnicas de neuroimagen, encontraron que personas con problemas mentales, como trastorno de estrés postraumático, trastorno de pánico, depresión y otras afecciones, experimentan cambios en sus cerebros como resultado de la psicoterapia. Sorprendentemente, estos cambios fueron similares a los efectos de los medicamentos recetados para los problemas mentales mencionados anteriormente.

Si bien se han realizado numerosos estudios sobre la psicoterapia, sus efectos han sido observados en investigaciones recientes. A continuación, se presentan cinco estudios realizados durante una década que buscaban conocer más sobre la efectividad de la psicoterapia:

1. Según un estudio (Tratamientos basados en evidencia para niños y adolescentes: una revisión actualizada de indicadores de eficacia) publicado en *Clinical Psychology: Science and Practice Journal* en 2011, los efectos de la psicoterapia son suficientemente significativos para ser ampliamente reconocidos como un tratamiento eficaz para los problemas de salud mental. Estudios anteriores de 2001 (*The Great Psychotherapy Debate: Models, Methods, and Findings* de Bruce Wampold) y 2009 (*Making Science Matter in Clinical Practice: Redefining Psychotherapy* de Larry Beutler) ya habían demostrado que los efectos de la terapia eran consistentes incluso cuando las condiciones mentales de los pacientes variaban. Las diferencias observadas fueron atribuibles a factores como el apoyo social, la complejidad e intensidad de la personalidad y la naturaleza crónica del problema de salud mental.
2. Dos estudios independientes de 2006 (*Efectos duraderos de la terapia cognitivo-conductual en el tratamiento de la depresión y la ansiedad* por Hollon, S.D., Stewart, M.O. y Strunk, D.) y 2010 (*La eficacia de la psicoterapia psicodinámica* por Jonathan Shedler) revelaron que los efectos de la psicoterapia suelen ser más duraderos que los del tratamiento farmacológico. Los estudios también hallaron que es menos probable que los pacientes necesiten seguimiento o tratamientos adicionales tras haber completado las sesiones de psicoterapia. Según Jonathan Shedler, profesor clínico asociado de psiquiatría en la Facultad de Medicina de la Universidad de Colorado, los pacientes tienden a mejorar una vez finalizado el tratamiento debido a las diversas habilidades que adquieren en la terapia.
3. La evidencia de investigaciones clínicas rigurosas sobre la mayoría de los trastornos psicológicos ha

demostrado que muchas formas de psicoterapia son efectivas no solo para los adultos mayores y adultos en general, sino también para los niños. Estos estudios, realizados entre 2001 y 2010, concluyeron que los beneficios de la psicoterapia son significativamente mayores en comparación con no recibir ningún tratamiento.

4. Este descubrimiento fue importante porque abrió el camino para mejorar las distintas formas de psicoterapia. Mejorar las terapias permite a los psicólogos clínicos adaptar sus tratamientos a las necesidades específicas de cada paciente.
5. Varios estudios realizados en 2008 (*Psicoterapia de adultos en el mundo real* por Minami, T. y Wampold, B.E.) y en 2009 (*¿Pueden las muestras de ensayos de tratamiento ser representativas?* de Wales, J.A., Palmer, R.L. y Fairburn, C.G.) demostraron que la psicoterapia es generalmente eficaz tanto en la atención de rutina como en los ensayos clínicos.
6. No existen diferencias significativas entre las diversas formas de psicoterapia, como indican varios estudios publicados en el *Journal of Mental Health* (2007) y en los libros *Principios de cambio terapéutico que funcionan* (2006) y *Relaciones de psicoterapia que funcionan* (2011).

Sesiones de terapia

La participación activa entre el paciente y el terapeuta es fundamental en una sesión de psicoterapia. La confianza y la relación de colaboración entre el paciente y el terapeuta son esenciales para lograr resultados efectivos.

No obstante, como en cualquier otro tratamiento médico, la confidencialidad es un principio básico en psicoterapia. Aunque los pacientes comparten pensamientos y sentimientos personales, el contacto físico íntimo con el terapeuta nunca es adecuado, aceptable ni beneficioso.

Una sesión de psicoterapia, que generalmente dura entre

30 y 50 minutos, puede realizarse de manera individual, en pareja, en grupo o en familia, y también es adecuada para niños.

Independientemente del contexto, el plan de tratamiento se organiza en colaboración entre el paciente y su terapeuta, incluyendo la modalidad, frecuencia, duración y enfoque del tratamiento. Un tratamiento completo puede variar desde unas pocas sesiones hasta meses o incluso años. Los tratamientos a corto plazo se emplean para problemas inmediatos, mientras que los tratamientos a largo plazo se utilizan para abordar problemas más complejos y duraderos.

Comprender los antecedentes de la psicoterapia facilita el entendimiento de los tratamientos que se analizarán más adelante en este libro. Hasta ahora, hemos revisado algunos conceptos básicos sobre la psicoterapia. Sin embargo, también discutiremos por qué, a pesar de que se practica desde la década de 1940, hoy en día ha perdido algo de su popularidad.

CAPÍTULO 2: TIPOS DE PSICOTERAPIA

Aprendimos que las investigaciones han demostrado que todas las formas de psicoterapia producen resultados beneficiosos para sus destinatarios. Generalmente, los psicólogos utilizan una o más teorías de psicoterapia, cada una de las cuales proporciona una hoja de ruta que guía a los terapeutas sobre cómo pueden comprender mejor los problemas de sus pacientes y desarrollar la solución correspondiente.

Según la Enciclopedia de Psicología (2000), las diferentes formas de psicoterapia generalmente se agrupan en cinco categorías:

Terapia humanista

La terapia humanista está influenciada por los filósofos humanistas Søren Kierkegaard, Martin Buber y Jean-Paul Sartre. Los temas importantes incluyen el respeto y la preocupación por los demás, resaltando la capacidad de una persona para tomar decisiones racionales y desarrollar su potencial al máximo. Los tipos de terapia humanista particularmente influyentes son:

1. Terapia Gestalt. Enfatiza la importancia de aceptar la responsabilidad y ser consciente del presente. Esta idea se llama organicismo y holismo.

2. La terapia existencial se centra en la búsqueda de significado, autodeterminación y libre albedrío.
3. La terapia centrada en el cliente ayuda a los pacientes a cambiar su perspectiva de la vida al enfatizar sus intereses, preocupaciones y experiencias internas. Rechaza la idea de los terapeutas como autoridades.

Terapia holística o integrativa

La terapia holística o integrativa reúne diferentes formas de psicoterapia para brindar las mejores soluciones posibles a los problemas de salud mental y emocional del paciente. Los terapeutas que practican este enfoque combinan elementos para satisfacer las necesidades de sus pacientes.

Psicoanálisis y terapias psicodinámicas

Las terapias psicoanalíticas se caracterizan por la asociación entre terapeuta y paciente: trabajan juntos para resolver problemas. Es a través de esta relación terapéutica que los pacientes pueden conocerse a sí mismos. Las interacciones les permiten explorar sus pensamientos y emociones.

El psicoanálisis, desarrollado por Freud, está estrechamente asociado con él. Sin embargo, sus formulaciones han sido modificadas y ampliadas.

El psicoanálisis tradicional todavía se practica hoy en día, pero adopta nuevas formas dinámicas, por lo tanto de naturaleza psicodinámica. Estas terapias se centran en animar a los pacientes a descubrir sus motivaciones inconscientes, lo que resulta en un cambio en sus pensamientos, sentimientos y comportamientos problemáticos.

Terapia conductual

La terapia conductual se centra en el papel del aprendizaje conductual para ayudar a los pacientes a desarrollar comportamientos normales y anormales.

El fisiólogo ruso Ivan Pavlov descubrió el aprendizaje asociativo o condicionamiento clásico, que supone una importante contribución a la terapia conductual. A través de su descubrimiento, observó cómo sus perros babeaban cada vez que escuchaban el sonido de una campana. Se demostró que sus perros habían sido condicionados a responder al sonido de una campana cada vez que los alimentaban. Habían aprendido a asociar el sonido con la comida y, por lo tanto, a babear.

Otra forma de condicionamiento clásico es la desensibilización. Una persona con fobia será tratada con exposición repetida a la fuente del miedo o la ansiedad.

Otro tipo de aprendizaje, llamado condicionamiento operante, utiliza refuerzos y consecuencias para influir en el comportamiento de una persona. Fue descubierto por Edward Thorndike, un psicólogo estadounidense que ayudó a sentar las bases de la psicología educativa.

Desde el surgimiento de la terapia conductual en la década de 1950, se ha desarrollado en varias variaciones. Una de sus formas más populares es la terapia cognitivo-conductual, un tema importante de este libro. Se centra en los comportamientos y pensamientos de los pacientes. Sabremos más más adelante.

Terapia cognitiva

Este enfoque se centra en lo que la gente piensa, no en lo que hace, aunque no descarta por completo esto último. Los terapeutas están convencidos de que el pensamiento disfuncional es la razón principal por la que ciertas personas actúan como lo hacen, independientemente de las normas sociales. La terapia se utiliza para cambiar los procesos cognitivos de las personas, para que puedan cambiar sus sentimientos y acciones.

Los principales autores de este tipo de terapia incluyen a Aaron Beck, un psiquiatra estadounidense considerado el padre de la terapia cognitiva, y Albert Ellis, un psicólogo estadounidense y también uno de los fundadores de la terapia cognitivo-conductual.

De todas las formas de psicoterapia, son las dos últimas categorías las que han sido más innovadoras en los últimos años. En este contexto, hablamos de la tercera ola de psicoterapia. Se trata de un grupo de terapias conductuales y cognitivas emergentes que han mostrado resultados significativos en las vidas de las personas que se han sometido a estos tratamientos. Son muy efectivas porque pueden utilizarse para fortalecer la salud mental, la memoria y las emociones. Además, permiten transformar la vida de las personas y afrontar los desafíos cotidianos.

Aunque el tema de las psicoterapias de la tercera ola es amplio, intentaremos abordarlo brevemente en este capítulo. A continuación, repasaremos cada componente: la terapia cognitivo-conductual (TCC), la terapia dialéctico-conductual (DBT) y la terapia de aceptación y compromiso (ACT), y te enseñaremos cómo utilizar cada una de ellas en tu vida.

CAPÍTULO 3: TERAPIA COGNITIVO-CONDUCTUAL (TCC)

El objetivo principal de la TCC es cambiar nuestros patrones de pensamiento, actitudes, creencias y comportamientos para ayudarnos a superar nuestras dificultades y trabajar en el logro de nuestras metas.

Beck, el fundador de la TCC, se formó en psicoanálisis durante años hasta que notó que muchos de sus pacientes tenían diálogos internos que respaldaban su teoría sobre la fuerte conexión entre sentimientos y pensamientos. Fue entonces cuando cambió su enfoque terapéutico para ayudar a sus pacientes a identificar, comprender y gestionar sus emociones.

Beck descubrió que una combinación de estrategias conductuales y terapia cognitiva proporcionaba los mejores resultados para sus pacientes. Trabajando con terapias emergentes, el fundador de la TCC sentó las bases de una de las formas de psicoterapia más influyentes en la actualidad.

Este método de psicoterapia no está destinado a un compromiso a largo plazo, sino que se centra en ayudar a los pacientes a lograr sus objetivos inmediatos. Muchas sesiones de TCC pueden durar entre cinco y diez meses, con sesiones semanales de al menos 50 minutos.

La TCC es un tipo de tratamiento que requiere un enfoque práctico. Exige que tanto el terapeuta como el paciente inviertan su tiempo y se concentren activamente en el proceso. El tratamiento rara vez produce resultados efectivos si ambas partes no están comprometidas activamente durante las sesiones. Juntos, forman un equipo para identificar los problemas que el paciente necesita resolver e idear posibles estrategias para abordarlos.

La TCC como tratamiento eficaz para las distorsiones cognitivas

La mayoría de los tratamientos actuales de TCC se utilizan para abordar las distorsiones cognitivas, que son patrones de pensamiento que refuerzan emociones o actitudes negativas. Estos se conocen como sesgos cognitivos, los cuales permiten que nuestra mente cree realidades falsas que no corresponden con la realidad. Las distorsiones cognitivas también se conocen como errores de pensamiento.

Los psicólogos han identificado 15 formas principales de distorsiones cognitivas que pueden afectar incluso a aquellos que consideran que su pensamiento es equilibrado.

1. La falacia de la recompensa divina

Esta distorsión cognitiva se caracteriza por la creencia de que cualquier sacrificio o abnegación será recompensado. Se puede describir como la creencia en el karma, donde esperamos que el karma nos pague instantáneamente cuando hacemos cosas buenas. Esta distorsión puede resultar negativa si nos sentimos frustrados o amargados por no recibir la recompensa esperada.

2. Sobregeneralización

Este error de pensamiento ocurre cuando se toma un único evento o incidente y se utiliza como evidencia para una conclusión generalizada. Por ejemplo, un vendedor novato puede tener dificultades en su trabajo debido a un rechazo, pero en lugar de seguir adelante y probar con otro cliente, llega a la conclusión de que es un mal vendedor y que nunca podrá vender nada.

3. Etiquetado incorrecto

También conocido como etiquetado global, es una forma de generalización extrema en la que se asignan características negativas a una persona basándose en una sola acción o rasgo. Por ejemplo, si no completamos una tarea, podemos llegar a sentir que somos un fracaso no solo en esa área, sino en todos los aspectos de nuestra vida. Esta distorsión se refuerza mediante un lenguaje emocional y exagerado, como cuando alguien concluye que una madre es irresponsable solo por dejar a sus hijos al cuidado de una niñera para poder ir a una fiesta.

4. Falacias de control

Esta distorsión cognitiva se refiere a la creencia de que todo lo que nos sucede puede ser el resultado de factores externos o de nuestras propias acciones. A veces lo que nos ocurre es causado por factores fuera de nuestro control y otras veces por nuestras propias decisiones. El error está en suponer que siempre es una de estas dos opciones. Algunas personas podrían asumir que la calidad de su trabajo depende de la gente con la que trabajan, mientras que otras pueden creer que cada error cometido es culpa únicamente de ellos mismos.

5. Deberes

Este error de pensamiento se refiere a las reglas explícitas o implícitas que nos imponemos a nosotros mismos o a los demás sobre cómo deben comportarse. Si las personas incumplen estas reglas, podemos sentirnos decepcionados o enojados. Sentimos lo mismo, incluso cuando quebramos nuestras propias reglas.

Por ejemplo, si estás a dieta y has establecido la regla de

no comer postre, pero durante el almuerzo cedes a la tentación y disfrutas de un postre de chocolate, probablemente te sentirás culpable por haber roto tu norma. Por otro lado, si tienes la mentalidad de que el cliente siempre tiene la razón y te encuentras con un representante que intenta discutir contigo, es posible que te enojes.

6. Filtraje

El filtraje es una de las formas más comunes de distorsión cognitiva. Se refiere a cómo la mayoría de nosotros podemos ignorar todas las cosas buenas y positivas que han sucedido en nuestros días y centrarnos solo en las negativas. Las personas que tienen una mentalidad filtrada tienden a centrarse en los aspectos negativos de sus vidas, a pesar de estar rodeadas de cosas buenas.

7. Saltar a conclusiones apresuradas

Al igual que la sobregeneralización, esta forma de distorsión cognitiva se refiere a una lógica defectuosa en la forma en que las personas llegan a conclusiones incorrectas. Pero en vez de generalizar a partir de un solo incidente, sacar conclusiones apresuradas implica la tendencia de una persona a estar segura incluso sin evidencia sólida. Podemos pensar que no le agradamos a nuestro compañero de trabajo con el más mínimo indicio, o podemos estar convencidos de que nuestros temores pueden ser correctos incluso antes de tener la oportunidad de explorar nuestras opciones.

8. Pensamiento en blanco y negro o polarizado

El pensamiento polarizado implica ver solo blanco y negro. Esto significa que la persona no ve ninguna zona gris. Esto puede describirse como un pensamiento de todo o nada, sin espacio para matices o flexibilidad. Si una persona no logra desempeñarse perfectamente en varias áreas, puede verse a sí misma como un fracaso total, en vez de reconocer que solo no es competente en una área.

9. Personalización

Esta forma de distorsión cognitiva se refiere a la creencia de algunas personas de que todo lo que hacen puede afectar a otras personas o a acontecimientos externos, por ilógico que parezca. Las personas que sufren esta forma de distorsión pueden sentir que tienen un papel irrazonablemente crucial en las cosas negativas que suceden a su alrededor.

Por ejemplo, estás trabajando con un equipo para desarrollar contenido publicitario. Tu jefe se lo sugirió a un cliente y el cliente quedó insatisfecho. Terminas culpándote a ti mismo, creyendo que si no hubieras sugerido el personaje particular que terminó en el producto final, el resultado habría sido diferente.

10. Siempre tener la razón

Aunque a muchos de nosotros nos gusta tener razón, esta distorsión cognitiva hace que la gente piense que equivocarse no es aceptable y que siempre debemos tener razón. Algunas personas pueden creer que tener razón es más importante que ser objetivo o justo, que la humildad para admitir errores cuando los hemos cometido o que los sentimientos de las personas que nos rodean.

11. Juego de culpas

Existen numerosas formas en las que podemos asignar responsabilidades o explicar los resultados cuando las cosas no suceden según nuestras expectativas. La forma más común de hacerlo es el juego de la culpa, donde podemos culpar a los demás por actuar de una manera específica o hacernos sentir mal. Esto se considera una forma de distorsión cognitiva porque no es razonable culpar a otros por cualquier cosa que actuamos o sentimos.

12. Falacia del cambio

Esta forma de distorsión cognitiva se basa en esperar que las personas que nos rodean cambien según nuestras preferencias y necesidades. Esto va por el mismo callejón que nuestra felicidad depende de otras personas y su incapacidad o falta de voluntad para cambiar, incluso si mantenemos nuestras demandas, nos hace infelices. Esto no es saludable porque debemos responsabilizarnos de nuestra propia felicidad.

13. Minimizar o exagerar la catástrofe

Minimizar o exagerar la catástrofe es una forma de distorsión cognitiva que implica la expectativa de que lo peor podría suceder o ya ha sucedido en función de un incidente mínimo que podría no tener ninguna relación con las circunstancias negativas.

Por ejemplo, es posible que hayas cometido un pequeño error en el trabajo y ya estés convencido de que eso descarrilará toda la operación, y tu supervisor se enojará y recomendará que tu jefe te despida. Por otro lado, también podría tomar la forma de restar importancia a logros importantes en la vida, como un gran ascenso o una gran meta que finalmente lograste en el trabajo.

14. Falacia de la equidad

Los seres humanos tenemos una tendencia natural a preocuparnos por estar en lo correcto. Sin embargo, esta preocupación puede volverse excesiva. Es importante ser consciente de que la vida no siempre es justa. Las personas que pasan la vida esperando justicia pueden terminar infelices y resentidas. Siempre habrá casos en los que las cosas no suceden según nuestros deseos, por más que nos parezca justo.

15. Razonamiento emocional

Esta distorsión cognitiva se basa en la creencia de que, si sentimos algo, eso debe ser verdad. Por ejemplo, si sentimos que no somos buenos en nuestro trabajo, debemos ser realmente inadecuados para la tarea. Está claro que nuestras emociones no siempre indican la verdad basada en una suposición objetiva. Sin embargo, puede resultar difícil ignorar nuestros sentimientos.

Las personas que sufren de baja autoestima y ansiedad son vulnerables a verse atrapadas en un limbo interminable de pensamientos negativos. A través de la TCC, puedes ser consciente de cuándo estás siendo arrastrado por pensamientos negativos, lo que podría resultar en una situación de autorrealización.

Por ejemplo, un miembro del personal de oficina que piensa que su jefe lo odia puede comenzar a tener manifestaciones físicas como sudar ante la mera idea de estar cerca de su jefe. Por lo tanto, evita reunirse con su jefe, lo que lo deja aún más excluido en la oficina y, en última instancia, puede resultar en más pensamientos negativos que son realmente inútiles en el lugar de trabajo. El ciclo dañino hará que la persona se sienta ansiosa o deprimida. Cuando el pensamiento inicial se hubiera gestionado adecuadamente, se podría haber evitado todo el ciclo de negatividad que sigue.

La TCC puede ayudarte a ser más consciente cuando empieces a verte influenciado por errores de pensamiento. Esta forma de psicoterapia también puede enseñarte a analizar tus pensamientos para que no desencadenen un círculo vicioso de flujos negativos, y te ayudará a reemplazarlos por pensamientos más equilibrados y razonables.

Estas distorsiones cognitivas podrían ser hábitos arraigados en tu subconsciente, y la TCC podría ayudarte a resolver problemas específicos y brindarte las herramientas que necesitas para cambiar tu forma de pensar y solucionar cualquier problema mental o emocional que tengas.

Por ejemplo, si has notado que eres propenso al pensamiento dicotómico, deberías intentar encontrar un término medio. Recuerda que normalmente existe un espectro más amplio de resultados entre el desastre total y la perfección absoluta. Es rara la posibilidad de encontrarnos con un escenario de todo o nada.

Si tiendes a pensar que algo es siempre o nunca, ¿puedes identificar las excepciones? De lo contrario, no es realmente siempre o nunca. Pregúntate si es realmente tan malo o simplemente estás exagerando. Además, trata de buscar otras formas de ver una situación particular.

Una vez que seas consciente de tener estos errores de pensamiento, no debes sentirte mal. Aceptar el hecho de que estás experimentando una distorsión cognitiva es el primer paso que debes dar para resolver tus problemas. El cuaderno de ejercicios puede ser útil cuando tienes pensamientos negativos, pero un psicoterapeuta capacitado en TCC podría ayudarte a desafiar y mejorar tus patrones de pensamiento mediante un enfoque más individualizado.

Herramientas y técnicas importantes de la TCC

Existen diversas técnicas y herramientas utilizadas en la TCC y te sorprendería saber que muchas de ellas ya forman parte de nuestra vida diaria. Las herramientas y técnicas descritas en estas secciones se encuentran entre las prácticas más comunes y efectivas en la TCC, especialmente para superar diversas distorsiones cognitivas.

Reestructuración cognitiva

A medida que empieces a ser más consciente de los errores de pensamiento o las percepciones irracionales que a menudo tienes, podrás aprender más sobre cómo te afectan los pensamientos negativos y por qué están dañando tu sistema de creencias. Una vez que descubras una creencia que está afectando tu bienestar, puedes comenzar a desafiarla.

Por ejemplo, si crees que deberías tener un trabajo bien remunerado para que las personas que te rodean te reconozcan y respeten, y terminas perdiendo un trabajo bien remunerado, tu percepción de ti mismo puede destruirse.

En lugar de sucumbir a esta noción incorrecta que puede

llevarte a tener pensamientos negativos ilógicos sobre ti mismo, puedes aprovechar la oportunidad para pensar en los rasgos que hacen que una persona sea respetable, lo cual es una suposición que quizás no se te haya pasado por la cabeza explícitamente antes.

Identificar errores en tu pensamiento

Esta técnica es en realidad uno de los pilares de la TCC y puedes llevarla a cabo incluso sin la ayuda de un psicoterapeuta profesional. Para identificar errores en tu forma de pensar, primero debes conocer los errores específicos a los que eres más propenso. Parte de esto implica reconocer y desafiar nuestros pensamientos automáticos negativos, que generalmente caen en una de las categorías que hemos descrito anteriormente.

Mantener un diario

Esta estrategia consiste en recopilar información sobre nuestros pensamientos, emociones y reacciones. Mantener un diario puede incluir el momento específico en el que comenzamos a sentir un estado de ánimo particular, su origen, su intensidad y cómo reaccionamos ante él, entre otros factores. Este proceso nos ayuda a identificar nuestros patrones de pensamiento y emociones, reconocerlos y comprender cómo gestionarlos de manera efectiva.

Relajación muscular progresiva (PMR)

La relajación muscular progresiva (PMR) es una técnica muy conocida entre quienes practican mindfulness. Al igual que el escaneo corporal, esta estrategia te permite relajar grupos musculares específicos uno por uno, hasta lograr una relajación total de tu cuerpo. Puedes utilizar grabaciones de audio, un breve clip de atención plena en línea, pero incluso tu propia mente servirá. La PMR es útil para reducir la tensión muscular y calmar los nervios. Practicar PMR te permitirá liberar tu mente, lo que te ayudará a identificar fácilmente tus distorsiones cognitivas y a resolver tus problemas.

Exposición interoceptiva

Esta técnica de la TCC está diseñada para el tratamiento inmediato de la ansiedad o los ataques de pánico. Implica exponer al paciente a sensaciones físicas temidas, para generar respuestas emocionales y cognitivas, activar creencias disfuncionales relacionadas con esas sensaciones, permitir nuevas realizaciones sobre ellas y mantener la sensación sin evitarla ni distraerse. Es ideal para pacientes que sufren síntomas de ansiedad y necesitan comprender que los ataques de pánico no son perjudiciales, aunque generalmente no son una experiencia agradable.

Visualización de escenarios

Esta técnica de la TCC es especialmente útil para personas que sufren de ansiedad y miedo. En esta estrategia, estarás expuesto a ansiedad o miedo paralizante y se te pedirá realizar un tipo de experimento mental en el que deberás visualizar el peor de los escenarios. Permitir que este escenario se desarrolle en tu mente podría ayudarte a aceptar que, aunque tus miedos puedan ocurrir, es más probable que todo esté bien.

Respiración profunda

La respiración profunda no es exclusiva de la TCC, pero se utiliza frecuentemente en ella. Hay varias formas de calmar la mente y el cuerpo, como guiones, videos, grabaciones de audio e imágenes guiadas o no guiadas. Fomentar la calma y la regularidad en la respiración te permitirá encontrar el equilibrio, lo que facilita una toma de decisiones más racional y eficaz. Esta técnica podría ayudar a personas que padecen diversos problemas de salud mental, como trastorno de pánico, TOC, depresión y ansiedad. También se puede realizar sin la asistencia de un psicoterapeuta profesional.

Prevención de exposición y respuesta

La prevención de exposición y respuesta es una técnica utilizada en la TCC para tratar el trastorno obsesivo-compulsivo (TOC). Esta estrategia consiste en exponer al paciente a los estímulos que suelen desencadenar su comportamiento compulsivo, sin permitirle realizar la conducta que normalmente utilizaría como respuesta. Esta técnica se puede combinar con un diario, ya que se anima al paciente a escribir sobre su experiencia.

Exposición a las pesadillas y reestructuración

Esta técnica de la TCC es ideal para pacientes que sufren de pesadillas constantes. Se suele comparar con la exposición interoceptiva, ya que las malas experiencias que provoca el sueño suelen despertar emociones relevantes. Una vez que se ha desencadenado la emoción, el psicoterapeuta puede ayudar al paciente a comprender la emoción generada y trabajar juntos para crear una nueva imagen que pueda usarse para provocar una respuesta emocional más positiva.

CAPÍTULO 4: HISTORIA DE LA TERAPIA COGNITIVO-CONDUCTUAL

La evolución de la terapia cognitivo-conductual (TCC) comenzó a finales del siglo XIX y principios del XX, cuando los profesionales comenzaron a explorar nuevos enfoques para tratar los trastornos mentales y las reacciones conductuales. La historia de la TCC se puede dividir en tres fases:

La época de la terapia psicoanalítica (1800 a 1900)

En el siglo XIX, Sigmund Freud popularizó este tratamiento para las enfermedades emocionales y mentales. Esta terapia se centró en las experiencias de la primera infancia o experiencias pasadas que influyen en el presente de un individuo. Se cree que las experiencias del pasado tienen un impacto significativo en cómo una persona vive su presente.

El tratamiento se lleva a cabo trayendo a la conciencia las experiencias pasadas, permitiéndote hablar sobre ellas y revelando lo que sentiste y pensaste en ese momento de tu vida. Esta información puede ser obtenida a través de la conversación o, en algunos casos, mediante hipnosis.

Mientras cuentas tu historia, el terapeuta escucha atentamente para determinar cuáles de tus experiencias están influyendo en tu vida actual. El terapeuta utilizará esta información para guiar el tratamiento.

La etapa de la terapia cognitiva (1940 a 1979)

En la década de 1940, Alfred Adler, un psicoterapeuta austriaco, introdujo el concepto cognitivo en la psicoterapia, basándose en la idea de Hans Vaihinger, un filósofo kantiano, que sostenía que los individuos crean su propia filosofía y reglas para comprender el mundo según sus experiencias.

Vaihinger afirmó que estos principios pueden ser producto de la imaginación o incluso ficciones, que luego pueden convertirse en creencias para un individuo debido al uso constante.

La teoría de Adler sostiene que los problemas emocionales de una persona surgen de sus pensamientos. Las emociones o reacciones de una persona ante una situación dependen principalmente de cómo percibe esa situación o evento. Este enfoque llevó a un cambio del tratamiento de psicoterapia tradicional hacia la terapia cognitiva.

Siguiendo la teoría de Adler, Aaron T. Beck propuso un enfoque llamado terapia cognitiva. Dado que los seres humanos son seres pensantes con mentes racionales, se espera que puedan controlar sus emociones, pensamientos y comportamientos.

Este enfoque en el aspecto cognitivo del ser humano dio inicio a la terapia cognitiva, tal como fue utilizada por Mahoney (1974), Meichenbaum (1977), Shaw, Rush y Emery (1979).

Terapia cognitivo-conductual (1974 en adelante)

El tratamiento de las enfermedades mentales dio un gran paso adelante con la combinación del psicoanálisis y los enfoques cognitivos, conocidos como terapia cognitivo-conductual (TCC), que ahora se utiliza para tratar diversas enfermedades mentales.

Cabe destacar que la TCC se basa en el concepto de la interconexión tripartita de la mente, las emociones y el comportamiento.

Se centra en observar la situación o el estado actual en el

que se encuentra el paciente, estudiando sus pensamientos, emociones, cómo se siente físicamente y cómo actúa en una situación determinada.

Esta terapia se enfoca en desarrollar estrategias que ayuden a los pacientes a afrontar sus problemas mentales y conductuales. La TCC adopta un enfoque de cuatro fases: evaluación y diagnóstico, desarrollo de habilidades, sostenibilidad de habilidades y fase de seguimiento o posterior a la evaluación.

En esta fase, el paciente se somete a una serie de pruebas psicológicas para examinar más a fondo su personalidad, pensamientos, comportamientos y otros aspectos cruciales de su ser. El objetivo es comprender al paciente como persona y desarrollar una técnica para mejorar su comportamiento de manera positiva y apropiada.

El paciente aprende diversas estrategias de afrontamiento para mejorar su capacidad de reaccionar ante determinadas situaciones y superar los pensamientos negativos. Es fundamental que el paciente adquiera la capacidad de desarrollar y mantener las habilidades aprendidas a lo largo del tiempo.

Tras completar los tratamientos, el paciente es evaluado nuevamente para determinar su progreso. En esta fase, se revisan las áreas problemáticas y las exitosas del tratamiento, lo que puede ayudar a ajustar el enfoque y fortalecer las áreas que han mostrado resultados positivos.

La TCC ha estado a la vanguardia del tratamiento de enfermedades mentales durante décadas y sigue siendo un enfoque universal para tratar los problemas mentales.

CAPÍTULO 5: ERRORES Y MITOS SOBRE LA TCC

Si bien la mayoría de los terapeutas y otras personas en el campo de la psicología tienen un buen conocimiento de la terapia cognitivo-conductual, es fácil que los no especializados desarrollen malentendidos sobre el método debido a conceptos erróneos comunes. Junto con estos malentendidos, también existen algunos errores comunes que las personas pueden cometer durante el proceso de terapia. Afortunadamente, la TCC es una terapia sencilla y directa que se puede llevar a cabo cuando se cuentan con las herramientas adecuadas. Sin embargo, todavía es posible cometer errores simples. En este capítulo, aprenderá la verdad detrás de los mitos más comunes y conocerá los errores más frecuentes y cómo evitarlos. Si tiene presente este capítulo, podrá tener un gran éxito con la TCC.

Mitos

Estos conceptos erróneos se difunden fácilmente, ya que las personas que tienen solo un pequeño conocimiento de la terapia cognitivo-conductual pueden malinterpretar lo que han aprendido. Sin embargo, debido a que esta persona cree entender el asunto, comienza a difundir su malentendido, lo que crea estos mitos comunes. Echemos un vistazo a los mitos más comunes y los hechos reales detrás de ellos.

La TCC es un enfoque rígido y único para todos

Uno de los aspectos más hermosos de la TCC es que es un enfoque flexible con muchas técnicas que pueden aplicarse a una variedad de trastornos. Mientras que una persona con depresión utilizará un conjunto de técnicas, una persona con trastorno de estrés postraumático utilizará otro conjunto de técnicas. Si bien estas dos personas utilizarán dos tipos diferentes de técnicas, también utilizarán algunos de los mismos métodos, como escribir un diario, para ayudar a reestructurar su cognición. La verdad es que la TCC no es rígida ni única de ninguna manera. Es un enfoque altamente personalizable que puede modificarse según el diagnóstico, la edad y las circunstancias individuales de una persona. Este enfoque reconoce que cada persona es única y, por lo tanto, requiere un enfoque único y personalizado.

Siempre que una persona acuda a un terapeuta cognitivo-conductual altamente capacitado, este terapeuta debería poder personalizar su plan de tratamiento según sus necesidades específicas. Una persona también puede personalizar su propio plan si utiliza este libro sin la ayuda de un terapeuta. Eso sí, siempre es recomendable buscar ayuda profesional.

La TCC se centra únicamente en reemplazar la negatividad con pensamiento positivo

La terapia cognitivo-conductual se centra en reestructurar la cognición para que sea más equilibrada y menos negativa. Aunque esto es diferente al pensamiento positivo. Con el pensamiento positivo típico, una persona simplemente dice algo positivo para encubrir su negatividad. Por ejemplo, la persona puede decir "no pasa nada, estoy feliz", incluso si acaba de recibir malas noticias y está devastada. Este tipo de pensamiento positivo y poco genuino es como tratar de deshacerse del moho mortal de su casa simplemente pintándolo. Esto no resuelve el problema, simplemente lo cubre con una distracción temporal, que probablemente conducirá a resultados desastrosos más adelante. En lugar de cubrir su vida con una positividad poco sincera, la terapia cognitivo-conductual enseña a las personas a aprender a ver sus vidas de la manera más realista posible. Esto significa que ves tanto lo bueno como lo malo, sin que ninguno eclipse al otro. Tener una cognición equilibrada y realista permite disfrutar del bien y afrontar y resolver cualquier problema.

Además de mirar al mundo y a uno mismo de manera más realista, la TCC también le enseña a pensar de manera más flexible. Esto significa que si una persona se siente nerviosa al dar un discurso frente a una multitud, puede pensar en la situación con flexibilidad. Si el individuo se dijera a sí mismo "No cometeré un error, así que no debería preocuparme", esto no ayudaría, ya que ciertamente es posible cometer un error. En cambio, se le enseña a la persona a pensar en otras perspectivas. Por ejemplo, pueden pensar: "Incluso si cometo un error, todavía puedo hacerlo bien y tener éxito".

La TCC ignora las emociones

Nada podría estar más lejos de la verdad que decir que la TCC ignora las emociones. La verdad es que las emociones son una parte muy importante del proceso terapéutico, solo que se tratan con un enfoque diferente a otro tipo de terapia. Con la TCC, en lugar de tratar las emociones únicamente, se tratan de la mano con la cognición de la persona. Esto se debe a que la cognición es lo que influye en los pensamientos, comportamientos y emociones de una persona. Por lo tanto, si quieres lidiar con emociones difíciles y problemáticas, primero debes comprender la cognición detrás de ellas.

La TCC no ignora el pasado ni la infancia

Este mito tiene algo de verdad, pero solo en parte. La realidad es que la TCC se centra principalmente en el aquí y el ahora, en los problemas actuales que afectan a la persona. Sin embargo, cuando es necesario, un terapeuta examinará el pasado de su paciente y cómo ese pasado puede influir en su cognición y en los problemas que enfrenta en su vida actual. Por ejemplo, si una persona padece un trastorno de estrés postraumático, el terapeuta investigará qué causó el trauma. Si una persona tiene un trastorno de ansiedad social, el terapeuta puede hablar sobre situaciones pasadas que hayan podido desencadenar el miedo a la interacción social.

Una persona puede revisar su pasado y ver cómo este ha alterado negativamente su cognición, pero esto solo puede hacerlo con precisión un terapeuta experimentado. La realidad es que no podemos mirar nuestro pasado con total claridad, especialmente cuando hay traumas de por medio. Sin embargo, un terapeuta se especializa en comprender estos pasados y traumas difíciles, con la capacidad de reestructurar la cognición de manera equilibrada y saludable.

La TCC no solo trata los síntomas, sino también las causas subyacentes

La terapia cognitivo-conductual, por definición, trata a la persona en su totalidad, sin reducirla a una lista de síntomas. Esto se debe a que antes de abordar los síntomas, primero se debe cambiar la cognición de la persona. Cuando la cognición de una persona mejora, comenzará a pensar de manera más equilibrada sobre el mundo que la rodea, sobre los demás y sobre sí misma. Esto, a su vez, provoca un cambio en los pensamientos, emociones y comportamientos de la persona. El resultado es una terapia que se enfoca en soluciones profundas, en lugar de simplemente enmascarar los síntomas externos e ignorar los problemas internos. Puede sentirse seguro al saber que la TCC genera un cambio real y duradero en la persona en su totalidad, permitiéndole continuar experimentando mejoras incluso después de haber finalizado el curso de la terapia.

La TCC cuenta con un sólido respaldo científico

La verdad es que la terapia cognitivo-conductual tiene un alto grado de evidencia científica que respalda su éxito, especialmente cuando se compara con otras formas de terapia psicológica. Un metaanálisis publicado por la Universidad de Boston analizó más de cien estudios sobre el uso de la TCC para diversos trastornos, adicciones, fuentes de estrés y otras circunstancias. Este metaanálisis reveló que en casi todos los casos, la TCC fue más efectiva que otras formas de terapia utilizadas. No solo eso, sino que se ha demostrado que es particularmente eficaz para personas con trastornos de ansiedad, estrés general, problemas de control de la ira, bulimia y trastornos somatomorfos.

La TCC puede ser eficaz incluso para personas inicialmente desmotivadas

Puede ser difícil iniciar la terapia, incluso si sabes que te ayudará. Cuando estás deprimido o ansioso, puede resultar complicado hacer cualquier cosa, incluso lo que es mejor para ti. ¿Significa esto que la TCC no funciona para personas desmotivadas? ¡No! De hecho, la mayoría de las personas luchan con estos problemas cuando comienzan y, por lo tanto, están desmotivadas. Sin embargo, a pesar de esta falta de motivación, estas personas siempre logran el éxito y experimentan beneficios sorprendentes.

Incluso para una persona desmotivada, la TCC funciona si tiene un plan con objetivos claros, técnicas de preparación y una persona ante quien rendir cuentas. Al tener a alguien a tu lado, incluso cuando te falta motivación, cuentas con la ayuda de alguien que te empuja a seguir tu horario y continuar usando las técnicas que has aprendido. Esta persona es un terapeuta para la mayoría de las personas; sin embargo, también puedes contar con un amigo o familiar. La persona ante la que eres responsable debe comprender los principios de tu terapia, así que intenta que lea este libro o muéstrale los aspectos más destacados que le ayudarán a entender el proceso. Si la persona entiende lo que debes hacer, podrá asegurarte que lo estás haciendo bien y brindarte consejos cuando sea necesario.

La TCC tiene una duración definida

Las personas tienden a creer que la TCC es a corto o largo plazo. La realidad está en algún punto intermedio. A diferencia de algunas formas de terapia que requieren que una persona asista varias veces a la semana durante un período de tiempo impredecible, la TCC tiene un número fijo de sesiones. Al final de estas sesiones, el paciente debería descubrir que ha reestructurado su cognición y está listo para regresar al mundo por sí solo. Todavía podrá utilizar las técnicas que ha aprendido para mantener una cognición saludable, pero ya no necesitará practicar una terapia extensa a diario.

Por otro lado, tampoco se trata necesariamente de una terapia a corto plazo. Si bien suele haber un número fijo de cinco a veinte sesiones por sesión, el número de sesiones continuará mientras el individuo lo necesite. No tienes que preocuparte por recibir solo cinco sesiones si tu caso requiere veinte.

La TCC es realmente fácil

Es cierto que la terapia cognitivo-conductual es una terapia sencilla y directa que cualquier persona, adulto o niño, puede llevar a cabo. Sin embargo, es importante tener en cuenta que ninguna terapia es "realmente fácil". Todas las formas de terapia tendrán sus dificultades, ya que no es fácil superar nuestro dolor, trauma o hábitos internos. Reestructurar tu cognición hacia una visión del mundo más equilibrada y saludable requerirá diligencia y trabajo duro. Deberás asegurarte de utilizar las técnicas que aprendas a diario y ser honesto contigo mismo.

Al final de tu período de uso de la TCC, descubrirás que el esfuerzo y el trabajo que pusiste en reestructurar tu cognición valieron la pena. Claro, puede que no siempre sea lo más fácil, pero es una de las formas más rentables en las que puedes invertir tu tiempo. Con un esfuerzo diario diligente, podrás encontrarte mucho más equilibrado, satisfecho y feliz.

Errores

Es común cometer errores ocasionalmente con cualquier forma de terapia. Por lo general, tu terapeuta te ayudará a corregir estos errores y te guiará por el camino correcto. Sin embargo, si utilizas la TCC por tu cuenta y sin la ayuda de un terapeuta, deberás tener en cuenta estos errores comunes para poder evitarlos.

No entender la importancia de la repetición

Las personas que han probado la terapia cognitiva, ya sea con una mala comprensión del proceso o sin un terapeuta especializado en TCC, pueden sentirse frustradas y decir que el proceso no funciona, que es un fracaso. Sin embargo, los estudios nos muestran repetidamente que cuando un terapeuta especializado en TCC emplea el proceso en sus pacientes, el proceso es efectivo. Entonces, ¿a qué se debe esta diferencia de experiencias? Simplemente, si una persona recurre a un terapeuta que no comprende el proceso o lo intenta por su cuenta sin el conocimiento adecuado, cometerá errores, y estos errores no conducen al progreso.

Uno de los mayores errores que conducen al fracaso es no entender la importancia de la repetición. A alguien se le puede decir cómo debe y no debe pensar, pero eso no significa que cambiará automáticamente. En cambio, deben utilizar técnicas y herramientas para promover este cambio en su vida diaria. Todos los días y durante todo el día deben utilizar estas técnicas. Esto se debe a que la clave para una TCC exitosa es la repetición de técnicas útiles y un pensamiento equilibrado. Requiere trabajo constante.

A diferencia de otras formas de terapia, no se habla simplemente con un terapeuta y luego se sigue el camino durante una semana. Tienes que esforzarte en cambiar directamente tu cognición, y lo haces utilizando repetidamente las herramientas y el conocimiento que te han dado. De la misma manera que no puedes dominar el tiro con arco disparando una docena de flechas, no puedes dominar la reestructuración de tu cognición utilizando algunas técnicas solo una vez. De cualquier manera, debes practicar lo mismo repetidamente para ver un cambio y eventualmente dominar el oficio. No puedes esperar resultados sin práctica.

Utiliza el pensamiento positivo en lugar de la TCC

Mencionamos anteriormente que algunas personas pueden creer que el pensamiento positivo es todo lo que implica la TCC, lo cual no podría estar más lejos de la verdad. Con la terapia cognitivo-conductual, una persona está reestructurando su cognición para pensar de manera más equilibrada. Por otro lado, con demasiada frecuencia el pensamiento positivo no es sincero o niega la negatividad que es clara como el día. La verdad es que aunque no queramos pensar negativamente, es importante que podamos ver los problemas y la negatividad de nuestra vida para poder solucionarlos y superarlos. Ignorar la negatividad es como negarse a ver un tornado que se acerca. Lo opuesto a esto (negarse a ver algo positivo) sería una persona acostada en posición fetal gritando "Vamos a morir" y negándose a hacer algo con respecto a la tormenta que se avecina. Con una cognición equilibrada, puedes reconocer el tornado que se acerca, pero también hacer algo al respecto y trasladarte al refugio contra tormentas por seguridad.

Recuerda, la TCC no se trata de pensamiento positivo o negativo, sino de cognición equilibrada.

No utilices técnicas de relajación

Los terapeutas suelen escuchar de sus pacientes que se sienten estresados y ansiosos. Cuando se les pregunta si están utilizando las técnicas de relajación que se les enseñaron, como la respiración profunda y la atención plena, la persona puede responder "En realidad no" o "algunas veces". El problema con esto es que no puedes esperar beneficiarte de algo que no estás usando frecuente y activamente. Piénsalo, si bien todos desearíamos comenzar a perder peso simplemente comiendo de manera saludable, necesitamos practicar hábitos alimenticios saludables de manera constante para obtener resultados. Lo mismo ocurre con las técnicas de relajación. Si deseas beneficiarte de ellas y reducir el estrés y la ansiedad, tendrás que practicarlas con frecuencia.

Estas técnicas entrenan la mente y el cuerpo para manejar las emociones negativas de manera tranquila y productiva, promoviendo un equilibrio emocional. No solo son beneficiosas los días en que las practicas, sino que también se vuelven más poderosas cuanto más frecuentemente las usas. Piensa en estas técnicas como prácticas mentales: te vuelves mejor y más fuerte cuanto más tiempo y más a menudo las practicas. En poco tiempo, te resultará fácil completar la atención plena y la respiración profunda simultáneamente, pero al principio puede ser difícil concentrarse y permanecer sentado durante largos períodos.

Continúa practicando estas técnicas al menos una o dos veces al día y notarás que tu estrés y ansiedad disminuirán significativamente en las próximas semanas. Simplemente no bajes el ritmo una vez que tu estrés se reduzca, continúa practicándolas todos los días de todos modos, porque mantendrán tu estrés bajo.

Creer que las emociones son irracionales

Debido a que nuestras ideas y sentimientos se basan en nuestra cognición, algunas personas comienzan a creer que sus sentimientos deben ser completamente irracionales. Que si fueran equilibrados y racionales no sentirían nada en absoluto. Pero la verdad es que los sentimientos pueden ser racionales, irracionales o neutrales. Después de todo, uno puede sentirse irracionalmente enojado cuando alguien comete un error inocente, o uno puede estar racionalmente enojado por la injusticia y la violencia sin sentido que ha ocurrido.

Los humanos somos seres emocionales y no podemos

simplemente borrar todas nuestras emociones. Son una parte importante de nosotros mismos que nos permite procesar el mundo que nos rodea, conectarnos con una comunidad y ser más compasivos. No estás destinado a ser un robot sin ninguna emoción, eres mucho más que alguien y unos ceros que componen el código. La insensibilidad y la falta de conexión emocional es un síntoma característico de la depresión severa. Por lo tanto, no intentes deshacerte de estas emociones. Puedes ver una cognición más equilibrada y al mismo tiempo beneficiarte de estos preciosos sentimientos.

Utilizar la TCC para justificar la falta de rendición de cuentas

Con la terapia cognitivo-conductual, se le enseña a una persona a aceptar quién es y apreciar todos los aspectos de sí misma. Esto está destinado a ser utilizado como base para crecer y mejorar uno mismo. Sin embargo, algunas personas toman esto como una excusa para sentirse bien consigo mismos y no preocuparse por el crecimiento. Es posible que acepten sus defectos hasta tal punto que no les importe herir a otros con ellos. Esto se ve a menudo en personas que se enorgullecen de hablar con franqueza u honestidad. Sí, es bueno hablar honestamente, pero a menudo cuando la gente se jacta de ello, simplemente usan la "honestidad" como una razón para decir cosas crueles e inútiles.

Con la TCC tienes que ver todos tus rasgos, tanto los buenos como los malos. Siéntete orgulloso de ti mismo por los buenos rasgos, perdona los malos y luego trata de hacer crecer y disminuir los atributos más negativos de ti mismo. No hay nada de qué desanimarse: todos somos humanos y tenemos nuestros aspectos negativos. A lo largo de la vida, estos atributos cambiarán y es simplemente nuestro trabajo trabajar constantemente en nosotros mismos, mejorándonos para ser la mejor versión de nosotros mismos que podamos ser.

Racionalidad de las expectativas

A medida que aprendas la importancia de la cognición racional y equilibrada y los beneficios que ofrece, querrás comenzar a reestructurar tu cognición. Sin embargo, algunas personas llevarán esto al extremo de castigarse a sí mismas por no estar a la altura de un estándar imaginado, creyendo que siempre deben ser completamente racionales. La verdad es que esto en sí mismo no es racional, ya que es una expectativa irreal e imposible de alcanzar. Nuevamente, somos seres humanos que cometemos errores, por lo que no siempre podemos ser cien por ciento racionales. Esto no es lo que trata la TCC ni lo que enseña.

Simplemente, el propósito de reestructurar nuestra cognición es mejorar nuestra salud mental y reducir el estrés al ver el mundo y a nosotros mismos de manera más realista.

Este también es un pensamiento irracional, ya que es un pensamiento en términos de blanco o negro que dice: "Si algo no es bueno, entonces debe ser malo". Con esta terapia, no debes ver todo en blanco y negro, sino que debes comprender que hay una variedad de tonos entre estos dos colores.

No se trata de un cambio radical de estilo de vida

Con la terapia cognitivo-conductual, no solo aprendes a reconocer los pensamientos irracionales o negativos que debes evitar. En cambio, estás entrenando tu mente para responder de manera diferente a los estímulos. No puedes entrenar tu cerebro sin dedicar horas de práctica; ¡leer este libro no servirá para este propósito! Sí, leer este libro es el primer paso, pero no te servirá de nada si no lo aplicas en tu vida diaria.

Piénsalo, no se puede correr una maratón solo leyendo un libro sobre cómo correr mejor. En cambio, hay que levantarse todos los días y entrenar durante meses. Lo mismo ocurre con la terapia cognitivo-conductual: requiere dedicación constante. Durante varios meses, necesitarás practicar regularmente todos los días para lograr un cambio real y tener éxito.

Si quieres reestructurar tu cognición, no basta con leer

algunas palabras en una página. Debes utilizar activamente las técnicas y herramientas que has aprendido todos los días.

Puede que tome algo de tiempo, pero si adoptas plenamente la TCC en tu rutina diaria, pronto notarás que mejora. En unas semanas notarás una gran mejoría y en unos meses la diferencia será drástica.

CAPÍTULO 6: QUÉ PUEDE TRATAR LA TCC Y POR QUÉ FUNCIONA

La terapia cognitivo-conductual se ha utilizado durante décadas para tratar la depresión y los trastornos de ansiedad, pero existen muchas otras afecciones que también pueden tratarse. Por ejemplo, puede usarse para tratar trastornos bipolares, fobias, trastorno obsesivo-compulsivo, trastorno de estrés postraumático, trastornos alimentarios, adicciones a sustancias y más.

Creada originalmente para tratar la depresión, la TCC se utiliza ahora en muchos trastornos: trastornos del estado de ánimo, ansiedad, trastornos de la personalidad, trastornos alimentarios, adicciones, tics y trastornos graves.

Depresión

La depresión, también conocida como trastorno depresivo mayor, es una condición verdaderamente devastadora. Muchas personas pueden pasar mucho tiempo sin un diagnóstico porque no son conscientes de que lo que sienten no es lo que sienten los demás. También pueden tener miedo de hablar y compartir su experiencia con familiares, amigos o su médico. Esto es increíblemente peligroso, porque cuanto más tiempo pasa sin tratar la depresión, peor puede empeorar y puede conducir a pensamientos o intentos suicidas. Incluso si la persona nunca intenta suicidarse, vivirá sintiéndose infeliz y puede intentar hacerse daño de otras maneras. Nadie merece vivir así; es realmente terrible. Hable con su médico si sospecha que puede tener depresión. Algunos síntomas incluyen:

- Sentimientos de inutilidad, culpa, vacío o desesperanza
- Sensación de entumecimiento emocional
- Pérdida de interés en actividades
- Sentimientos de desconexión o despersonalización
- Irritabilidad en adolescentes y niños
- Pensamientos de muerte, lesión o autolesión
- Sensación de cansancio y falta de energía
- Ganas de dormir, incluso cuando no se está cansado
- Dificultad para tomar decisiones, falta de concentración
- Insomnio o hipersomnio
- Pérdida o aumento de peso

Desafortunadamente, la depresión afecta a una gran cantidad de personas en todo el mundo. Esto puede afectar a las personas de manera diferente: algunas personas experimentan solo breves episodios ocasionales de depresión, otras experimentan depresión estacional y, peor aún, aquellas que sufren de depresión mayor a largo plazo. La tasa de prevalencia de la depresión a lo largo de la vida en Estados Unidos, por ejemplo, es del diecisiete por ciento, y aproximadamente el siete por ciento de la población experimenta este trastorno en algún momento de su vida. Si bien los hombres también desarrollan depresión, las mujeres tienen entre dos y tres veces más probabilidades de desarrollar este trastorno. Las personas que padecen otras enfermedades físicas o mentales también tienen mayor riesgo de desarrollar depresión.

Para la depresión a corto plazo, los medicamentos a menudo no son efectivos, pero los medicamentos son una parte importante del tratamiento en la depresión a largo plazo. Con la depresión a largo plazo, la mayoría de las personas necesitan una combinación de tratamientos, que puede incluir tanto medicación como terapia cognitivo-conductual. Asegúrese de hablar con su médico sobre sus opciones de tratamiento, porque la depresión no es algo que deba tomarse a la ligera.

Se ha demostrado que la terapia cognitivo-conductual es una opción de tratamiento eficaz, a menudo en combinación con antidepresivos, para personas con depresión tanto a corto como a largo plazo. Cuando una persona comienza la TCC con un terapeuta para la depresión, las sesiones de terapia comienzan cuando el terapeuta primero le explica al paciente el proceso de la TCC y cómo es ideal para la depresión. Luego, el paciente y el terapeuta trabajarán juntos para establecer metas terapéuticas, aprender habilidades conductuales y técnicas para utilizar a diario. Cuando una persona utiliza la TCC específicamente para la depresión, el objetivo del tratamiento será ayudar al paciente a reincorporarse a actividades importantes para él, pero que le resultan difíciles debido a la depresión. Aprender a interactuar mejor con el mundo y a ser amable con uno mismo son otros aspectos en los que se centrarán el terapeuta y el paciente.

Las personas con depresión experimentan regularmente pensamientos y creencias negativas sobre sí mismas, el mundo, el futuro y otras personas. Ésta es una de las razones por las que la TCC es tan poderosa en el tratamiento de la depresión. Muchas de las técnicas y herramientas de la TCC se crean específicamente para ayudar a una persona a analizar estos pensamientos negativos y equilibrarlos para transformarlos en pensamientos más realistas y positivos.

Con el tiempo, esto reestructurará la cognición para que la persona deprimida ya no piense de forma negativa o catastrofista. A medida que su cognición se equilibre y piense de forma menos negativa, la persona experimentará menos síntomas de depresión y podrá volver a disfrutar mejor de la vida. Este proceso también puede adaptarse para niños y personas con discapacidad intelectual, de manera que los padres o cuidadores puedan ayudarlos a utilizar las técnicas si no pueden hacerlo por sí mismos.

En resumen, la TCC funciona para la depresión porque ayuda a las personas a retomar las actividades que disfrutan y a reducir los pensamientos negativos, que son síntomas característicos de este trastorno.

Si elige consultar a un terapeuta especializado en TCC, puede esperar una sesión semanal durante diez a veinte semanas. Cada sesión probablemente siga un formato establecido que incluye: comprobar el estado de ánimo del paciente, revisar la sesión anterior, establecer la agenda de la próxima semana, discutir las tareas y hacer un resumen de la sesión. Durante estas sesiones, el paciente puede hacer preguntas o discutir cualquier dificultad que esté experimentando, para que el terapeuta lo guíe hacia una solución.

Síntomas del trastorno de ansiedad generalizada (TAG): inquietud, cansancio, ansiedad excesiva, aumento del dolor o molestias musculares, disminución de la concentración, irritabilidad y dificultad para dormir.

Trastorno de ansiedad generalizada y trastorno de ansiedad social

Existen muchos tipos de trastornos de ansiedad, como el trastorno de ansiedad generalizada, el trastorno de ansiedad social, el trastorno de pánico, el trastorno obsesivo-compulsivo y otros. Sin embargo, si bien todos los tipos de trastornos de ansiedad se tratan bien con la TCC, requieren técnicas y métodos diferentes. Por lo tanto, discutiremos estos trastornos por separado. En esta sección, veremos cómo la terapia cognitivo-conductual puede ayudar a quienes padecen trastorno de ansiedad generalizada y trastorno de ansiedad social.

Los ataques de ansiedad pueden causar preocupación incesante, ataques de pánico y miedo incapacitante, pero no es necesario vivir de esa manera. El tratamiento es posible y existe una larga experiencia que demuestra que la TCC es la mejor opción para quienes padecen trastornos de ansiedad. Si bien algunas personas pueden necesitar medicamentos, esta terapia funciona porque no simplemente encubre los problemas, sino que trata el problema central que causa la ansiedad.

Podrás aprender a superar los miedos y malestares que provocan la ansiedad, a relajarte mejor, a mirar la vida con un enfoque más equilibrado, a crear mecanismos de afrontamiento y a aprender a resolver problemas. No sólo estás aprendiendo herramientas que pueden ayudarte con tu ansiedad, sino que también te están enseñando cómo utilizarlas para una vida mejor.

El trastorno de ansiedad generalizada (TAG) es el más común entre los trastornos de ansiedad. Se caracteriza por preocupación y miedo excesivos y persistentes. Este miedo puede ser sobre uno mismo, los demás, el mundo, el futuro o prácticamente cualquier otra cosa. La gente suele preocuparse por la familia, el trabajo, el dinero, la salud y otras cuestiones apremiantes de la vida. Sin embargo, a diferencia de la mayoría de las personas, las personas con TAG no pueden controlar o manejar su preocupación y miedo por sí mismas, lo que los convierte en una pesadilla. Es posible que lleguen a esperar lo peor, incluso cuando no hay motivo aparente de preocupación. A menudo, las personas desarrollan insomnio a medida que sus preocupaciones empeoran al acostarse por la noche.

Las mujeres tienen el doble de probabilidades de desarrollar TAG en comparación con los hombres, y el tres por ciento de la población (casi siete millones de adultos) tiene un diagnóstico de trastorno de ansiedad generalizada. ¿Cómo se diagnostica? Tu médico puede diagnosticar la afección si descubre que te preocupas la mayor parte del tiempo durante un período de al menos seis meses. Las personas con TAG pueden experimentar ansiedad acerca de eventos específicos como el trabajo, las personas como la familia, o puede ser simplemente una ansiedad abrumadora sin causa conocida. Una persona puede sentir una oleada de ansiedad por nada más que pasar el día o levantarse de la cama. No tiene que haber una cosa específica que cause la preocupación, la ansiedad está ahí de todos modos. Esto no sólo causa una preocupación abrumadora, sino que esta ansiedad constante también puede provocar dolores de estómago, cansancio y dolores de cabeza.

Muchas personas con trastorno de ansiedad generalizada (TAG) leve o moderado, o aquellas que están en tratamiento, pueden vivir normalmente en sociedad. Pueden tener un trabajo decente, disfrutar de su vida social y vivir la vida significativa que desean. Sin embargo, muchas personas con TAG no controlado pueden evitar situaciones sociales, compromisos sociales, ascensos laborales u otras actividades cotidianas. Sin embargo, hay esperanza para estas personas. Con un tratamiento en forma de TCC, pueden volver a vivir la vida que desean.

Factores de riesgo del trastorno de ansiedad social: genética, observación de otras personas con trastorno de ansiedad social (TAS), eventos traumáticos tempranos, estilos de crianza, crianza aislada, estructura cerebral y expectativas sociales.

La ansiedad social es similar al trastorno de ansiedad generalizada, pero tiene una causa más específica. Con el trastorno de ansiedad social (TAS), una persona está específicamente ansiosa por interactuar con otras personas. Esta es una intensa preocupación por ser rechazados y evaluados por sus pares. Esto puede llevar a que la persona con TAS actúe visiblemente ansiosa al tropezar con las interacciones laborales, actuar de manera torpe y sonrojarse, lo que también puede llevar a que los demás la vean como rara, aburrida o "extraña". Desafortunadamente, esto solo hace que la ansiedad social empeore, ya que en su mente se demostró que la ansiedad que sentían era cierta.

A menudo, las personas con TAS también experimentan síntomas físicos, como sudoración, náuseas, aumento del ritmo cardíaco y, a veces, incluso pueden experimentar ansiedad real o ataques de pánico cuando se enfrentan a una situación que temen, como hablar en público. Una persona con TAS puede reconocer que su miedo es excesivo o irrazonable, pero también sentirse impotente para detener la ansiedad. Hay aproximadamente quince millones de estadounidenses que viven con trastorno de ansiedad social, lo que lo convierte en el segundo tipo más común de trastorno de ansiedad después de las fobias. El trastorno de ansiedad social (TAS) a menudo se desarrolla durante la adolescencia y continúa afectando a la persona hasta la edad adulta. Las personas con esta afección pueden haber sido excesivamente tímidas en la infancia, pero es importante señalar que existe una gran diferencia entre la timidez básica y el trastorno de ansiedad social.

La ansiedad social a menudo interrumpe la vida del individuo con esta condición. Pueden evitar oportunidades laborales que requieran interacciones con varias personas, reducir la cantidad de interacciones sociales, evitar tiendas con multitudes e incluso aislarse de sus amigos. Puede resultar muy difícil para una persona con TAS tener éxito en el trabajo o la escuela sin tratamiento. Desafortunadamente, menos del cinco por ciento de las personas con TAS buscan tratamiento dentro del año posterior al inicio, y un tercio de las personas con esta afección experimentan síntomas durante más de diez años antes de buscar ayuda.

La terapia cognitivo-conductual (TCC) suele ser la mejor opción de tratamiento tanto para el trastorno de ansiedad generalizada como para el trastorno de ansiedad social. Se ha demostrado que las herramientas que promueven la racionalidad, la repetición y el refuerzo son más efectivas en el tratamiento que otros métodos.

A continuación se detallan algunos de los beneficios para quienes padecen un trastorno de ansiedad:

Aprender a tolerar la incertidumbre

Uno de los factores clave en estos dos trastornos de ansiedad es la incertidumbre. Si una persona con un trastorno de ansiedad no está cien por ciento segura de que no se producirá un acontecimiento negativo, se siente agitada e insegura, aumentando su ansiedad.

Esta intolerancia a la incertidumbre no solo aumenta la ansiedad, sino que puede retrasar la toma de decisiones, aumentar la procrastinación, provocar la negativa a delegar y generar un control excesivo.

La TCC ayuda a una persona a aprender a afrontar la

incertidumbre, eliminando así esta fuente de ansiedad y haciéndola más productiva en su vida diaria.

Reconocer la rumiación

La rumiación es el proceso de preocuparse continuamente por el mismo tema. Por ejemplo, una persona puede preocuparse constantemente por si obtendrá un ascenso en el trabajo durante una o dos semanas enteras. Esto provoca una reducción en la capacidad de resolución de problemas y aumenta la preocupación general. En lugar de reflexionar sobre un problema, es mejor esperar y abordar la solución del problema cuando surja.

Existen varias técnicas de TCC que se utilizan para ayudar a disminuir la rumiación, como las técnicas de atención plena y difusión. Aprenderá a aceptar cualquier pensamiento que tenga, reconociendo que es posible que no sean completamente exactos y luego permitiéndolos pasar. Con la TCC no se intenta bloquear estos pensamientos porque es ineficaz. Pero cuando reconoces tus pensamientos y luego los dejas ir, eres más capaz de liberar la ansiedad.

Reconocer las distorsiones cognitivas

Todos hemos tenido distorsiones cognitivas hasta cierto punto, pero las personas con TAE y TAG tienden a tenerlas en mayor número y en mayor grado. Las distorsiones cognitivas pueden adoptar muchas formas, como subestimar nuestras capacidades, predecir negativamente el futuro, personalizar experiencias negativas, juicios en blanco y negro, circunstancias catastróficas, predecir negativamente lo que otros podrían pensar, pensamientos de derecho y más.

Con la TCC, una persona aprende a reconocer estas distorsiones y luego las reemplaza con pensamientos más equilibrados. Esto permite a la persona reestructurar lentamente su cognición hasta experimentar estas distorsiones con menos frecuencia.

Adopta técnicas de atención plena

La TCC utiliza con frecuencia la atención plena, la respiración profunda y controlada, y la relajación muscular. Estas técnicas ayudan a la persona a reducir sus estrategias de evitación y, en cambio, trabajan para enfrentar la ansiedad directamente. En lugar de seguir hundido en un charco de miedo, preocupación y rumiado, se le enseña a la persona a afrontar la ansiedad directamente y reducirla. Esto se puede hacer fácilmente en sesiones de cinco a diez minutos cada vez que una persona se sienta ansiosa.

Trátate con amabilidad

Es muy común que las personas con trastornos de ansiedad se hablen duramente a sí mismas, notando sus imperfecciones y dudando de sus capacidades. Cuando esto sucede, a menudo conduce a mecanismos de rumiado y evitación. Sin embargo, los estudios han demostrado que al aumentar la amabilidad con uno mismo también podemos disminuir la ansiedad y aumentar la motivación para la superación personal. La terapia cognitivo-conductual utiliza muchas técnicas y herramientas diferentes para promover la autoconciencia y el perdón, disminuyendo así la ansiedad y aumentando la motivación de la persona. Es importante recordar que, si bien la TCC suele ser la mejor opción de tratamiento para los trastornos de ansiedad, no existe una solución rápida. Si bien verás una mejora en varias semanas, pasarán varios meses antes de que veas el beneficio completo que la terapia cognitivo-conductual tiene para ofrecer. No abandones después de solo un día o una semana, debes esforzarte constantemente si esperas ver resultados de tu trabajo. A veces las personas pueden incluso sentirse peor antes de sentirse mejor, porque están enfrentando sus ansiedades y superándolas en lugar de ignorarlas como lo han hecho en el pasado. Sin embargo, si sigues los consejos de tu terapeuta o el conocimiento que obtienes de este libro y continúas esforzándote, no perderás.

Además de las técnicas de terapia cognitivo-conductual, también es aconsejable adoptar otras prácticas de estilo de vida saludable. Al cultivar una vida más saludable, respaldarás tu TCC y te permitirás mejorar más rápidamente y con éxito.

Algunos factores de estilo de vida saludable que deberías considerar agregar a tu vida diaria incluyen aprender sobre tu trastorno de ansiedad, profundizar las conexiones con otras personas, reducir los factores estresantes de la ansiedad y cultivar un cuerpo saludable.

Cuando aprendes sobre la ansiedad, podrás comprender mejor cómo funciona tu mente, lo que te permitirá vencer mejor los pensamientos negativos que se te presenten. Al profundizar tus conexiones con otras personas, puedes disminuir la soledad y el aislamiento. Tendrás más apoyo y te sentirás cómodo teniendo un ser querido de confianza. Al reducir los factores estresantes como las relaciones tóxicas y la presión innecesaria, las preocupaciones innecesarias disminuirán, permitiéndote tener más energía para lo que es importante en tu vida. Finalmente, crear una mente sana comiendo bien, haciendo ejercicio y evitando las drogas puede fortalecer y mejorar tu mente.

Trastorno de estrés postraumático

La gente suele pensar que este trastorno de ansiedad es algo que solo experimentan los militares que han sido desplegados en zonas de guerra, pero esto no es cierto. Cualquiera puede desarrollar un trastorno de estrés postraumático (TEPT) si ha experimentado un evento traumático. Los ataques terroristas, los accidentes graves, los desastres naturales, las agresiones sexuales, los ataques violentos y más pueden provocar el desarrollo del trastorno de estrés postraumático.

La mala comprensión del trastorno de estrés postraumático (y la creencia de que solo afecta al personal militar) se debe al hecho de que originalmente se le llamó "shock de guerra" para describir a los veteranos con TEPT después de la

Primera Guerra Mundial. Afortunadamente, aunque los profanos todavía tienen malentendidos sobre el trastorno de estrés postraumático, la comunidad médica reconoce que le puede pasar a cualquiera. Alrededor del 3,5% de los estadounidenses padecen esta forma de ansiedad. ¿Qué significa exactamente experimentar TEPT? Las personas con esta afección experimentan pensamientos, sentimientos y recuerdos perturbadores, atemorizantes y que provocan ansiedad durante un período extendido después de que ha terminado una experiencia traumática. Por ejemplo, una persona que ha sido atacada por un perro puede seguir pensando en el ataque, teniendo ataques de ansiedad y pánico cada vez que oye ladrar a un perro o cree ver un perro. Una persona ni siquiera tiene que experimentar el evento traumático de primera mano para desarrollar TEPT; puede desarrollarlo simplemente escuchando sobre un evento traumático de segunda mano.

Existen criterios diagnósticos específicos que un profesional de la salud utilizará para diagnosticar a una persona con trastorno de estrés postraumático. Sin embargo, algunos de los síntomas y efectos más comunes incluyen:

- Incapacidad para recordar aspectos de eventos traumáticos (no causados por drogas, alcohol o traumatismo craneoencefálico)
- Sentimiento de culpa irracional hacia uno mismo o hacia los demás
- Creencias o expectativas negativas y exageradas sobre el mundo, los demás o uno mismo
- Comportamiento agresivo o irritable
- Sentimientos de desapego de los demás
- Vergüenza, culpa, miedo, ira u horror persistentes
- Comportamiento autolesivo o imprudente
- Incapacidad para experimentar emociones positivas
- Disminución del interés en las actividades
- Hipervigilancia
- Dificultad para concentrarse

- Se asusta más fácilmente
- Entumecimiento emocional y evitación de recuerdos del trauma. Flashbacks o pesadillas angustiosas sobre el evento traumático. Dificultad para conciliar o permanecer dormido
- Más fácilmente nervioso, enojado o irritado
- Ataques de pánico (palpitaciones, taquicardia, mareos, problemas respiratorios)

Existen varias teorías sobre por qué las personas desarrollan TEPT; una de ellas es la teoría cognitivo-social de Benight y Bandura, que explica cómo las personas que han experimentado un trauma intentan procesar el evento en creencias sobre el mundo, los demás y ellos mismos. Sin embargo, al procesar estos pensamientos y emociones, una persona puede terminar creando conceptos erróneos dañinos sobre su experiencia, el mundo, los demás, ellos mismos y su percepción de control. Por ejemplo, una persona puede creer que los malos reciben castigos, y al haber experimentado un evento traumático, puede sentir que fue responsable de lo sucedido y que eso fue su "castigo".

Se anima a una persona con trastorno de estrés postraumático a identificar estos conceptos erróneos y distorsiones que ha creado para poder procesar el trauma. Estas distorsiones luego se reevalúan y se transforman en un patrón de pensamiento más equilibrado y veraz. Lleva tiempo, pero si una persona escribe un diario con regularidad y clasifica sus pensamientos dañinos en pensamientos equilibrados, comenzará a tener una cognición menos distorsionada y descubrirá que el trastorno de estrés postraumático mejora lentamente.

Un terapeuta también puede guiar al paciente a través de una terapia de exposición controlada para ayudar a disminuir los flashbacks, las pesadillas y los ataques de pánico cuando se enfrenta a los recuerdos del evento traumático. Esto se hace lenta y cuidadosamente, a menudo comenzando cuando el paciente cierra los ojos y piensa que está interactuando de manera segura con un desencadenante. Por ejemplo, si la persona fue atacada por un perro, podría interactuar de manera segura con un perro pequeño y de buen comportamiento. Si esto es demasiado, pueden imaginar que el perro está dentro de una perrera y no puede acercarse a ellos. Una vez que la persona pueda manejar la idea de interactuar con los factores desencadenantes, probablemente pasará a interactuar realmente con ellos en la vida real. El terapeuta permitirá que la persona vea a un perro que se porta bien con una correa a distancia y continuará progresando hasta que la persona finalmente pueda pararse junto a un perro o acariciarlo. La aplicación de la terapia de exposición varía mucho, dependiendo del tipo de trauma que haya experimentado una persona, pero un terapeuta bien capacitado debería poder guiar al paciente a través del proceso.

Trastorno obsesivo-compulsivo

Comúnmente conocido como TOC, el trastorno obsesivo-compulsivo es un tipo de trastorno de ansiedad que provoca pensamientos, sensaciones o ideas frecuentes, no deseados y recurrentes. Estos pensamientos recurrentes a menudo hacen que las personas actúen de manera compulsiva, lo que los conoce como "compulsiones". Esto puede incluir comportamientos repetitivos como revisar cosas, lavarse las manos, limpiar, mantener los objetos ordenados o simétricos, etc. También puede incluir pensamientos no deseados, como los de naturaleza agresiva o sexual.

Hay muchas personas que no padecen TOC que han experimentado comportamientos repetitivos o pensamientos repetitivos. Sin embargo, estos no interfieren en su vida diaria y, en algunos casos, pueden ser adaptativos o manejables. Sin embargo, para las personas con TOC, estos comportamientos repetidos y pensamientos no deseados les causan un estrés insoportable si no pueden actuar en consecuencia. Por ejemplo, una persona con TOC puede lavarse las manos hasta el punto de tener la piel en carne viva y desprenderse la piel, pero no puede dejar de hacerlo. Otra persona que sufre de TOC puede no poder salir de casa a menos que primero revise la estufa diez veces y gire el pomo de la puerta de izquierda a derecha siguiendo un patrón específico tres veces.

Las personas con TOC pueden lógicamente saber que no sucederá nada desastroso si no actúan sobre estos comportamientos y pensamientos repetitivos, pero incluso con la comprensión lógica de esto, sus obsesiones permanecen. Tienen dificultades para no centrarse en pensamientos repetitivos o actuar según acciones compulsivas. Puede llegar a ser tan grave que si la persona no puede actuar según la compulsión, experimenta un ataque de pánico e incluso puede hacerse daño a sí misma.

Muchas personas tienen ideas erróneas sobre qué es el TOC y piensan que es una broma, repitiendo frases estereotipadas dañinas como "¡Me encanta limpiar, debo tener TOC!" o "Tengo TOC, trastorno obsesivo navideño". Sin embargo, a pesar de estos conceptos erróneos, la verdad es que solo un pequeño porcentaje de la población sufre de TOC, y las estadísticas muestran que poco más del uno por ciento lo padece.

Con la terapia cognitivo-conductual, una persona puede aprender a afrontar y cambiar sus pensamientos, emociones y comportamientos problemáticos, tratando así la fuente del TOC. Cuando una persona tiene TOC, su terapeuta utilizará un subconjunto particular de TCC conocido como exposición y prevención ritual. El propósito de este tipo de TCC es reestructurar la cognición y romper asociaciones previamente arraigadas. Hay dos maneras en que esto puede ayudar. En primer lugar, separará los sentimientos de angustia de los desencadenantes que producen este sentimiento, como pensamientos, situaciones u objetos. En segundo lugar, romperá la conexión entre actuar según comportamientos rituales y experimentar una disminución del estrés. Esto significa que, con el tiempo, el estrés de una persona disminuirá en general y su cerebro ya no creerá que necesita actuar sobre pensamientos o comportamientos repetitivos.

Las tres fases del tratamiento con TCC para el trastorno obsesivo-compulsivo incluyen:

Exposición imaginada

Con la exposición imaginada, una persona se visualiza mentalmente en una situación que suele ser angustiosa, o las consecuencias de una situación temida. Por ejemplo, podría imaginarse iniciando un incendio en la cocina y teniendo que lidiar con los resultados.

Exposición a la vida real

Con este paso, una persona se enfrenta a una situación o un objeto temido que le cause ansiedad. Podrían ser gérmenes, un espacio desordenado o cualquier otro desencadenante.

Prevención ritual

En este paso, una persona evita actuar según comportamientos rituales. Esto significa que podría salir de la cocina sin revisar la estufa o tocar a un perro sin lavarse las manos después.

Adicciones

Existen muchas adicciones, pero dos de las más comunes y problemáticas están relacionadas con las drogas y el alcohol. Independientemente de la adicción, la depresión y la ansiedad suelen ser la causa subyacente, que es una de las razones por las que la TCC es conocida por su ayuda. Las personas que frecuentemente experimentan pensamientos negativos tienen dificultades para realizar cambios, incluso aquellos que saben que son mejores para ellos. Esto significa que, incluso si una persona quiere dejar el alcohol, las drogas u otras adicciones, puede tener dificultades para realizar los cambios necesarios para romper con la adicción. Estos son pensamientos poderosos y destructivos y frecuentemente pueden ocurrir como pensamientos dicotómicos. Este tipo de pensamiento hace que las personas crean que no tienen control y que son impotentes sobre su comportamiento con respecto a su adicción. Por ejemplo, pueden creer que tienen que hacer todo a la perfección porque cualquier cosa menos es un fracaso. Este tipo de pensamiento a menudo resulta en una adicción a las drogas, al alcohol, al juego o incluso a los videojuegos.

Cuando un adicto comienza un tratamiento con TCC, aprenderá a desmantelar las falsas ideas e inseguridades que lo llevan a abusar de sustancias, se le proporcionarán herramientas y guías de autoayuda para mejorar su estado de ánimo, aprenderá mejores habilidades de comunicación y recibirá herramientas para usar cuando se sienta obligado a actuar sobre su adicción.

Como se puede observar, la terapia cognitivo-conductual puede ayudar a personas con muchos trastornos diferentes. Ya sea que esté luchando contra un trastorno de ansiedad generalizada (TAG) o una adicción a las drogas, puede obtener ayuda significativa con la TCC. Además, esta terapia puede ser eficaz en el tratamiento de muchas otras condiciones psicológicas, por lo que no te desanimes si tu situación no se menciona específicamente aquí.

CAPÍTULO 7: EL PODER DE LA MENTE

La terapia cognitivo-conductual se basa en el poder de la mente para provocar cambios en la forma en que una persona piensa, se comporta y actúa.

La mayoría de la gente es consciente del poder de la mente, pero sólo unas pocas personas realmente creen en él. Es más, puedes contar con los dedos las personas que están utilizando este poder para cambiar positivamente sus vidas y descubrir su potencial oculto.

¿Por qué? Porque no creen firmemente en el principio de que la mente puede influir en el cuerpo y que la mente tiene la capacidad de controlar la forma en que una persona actúa y se comporta.

Esta creencia se remonta a la era cristiana, cuando Jesucristo declaró a sus discípulos:

"En verdad os digo, que si tenéis fe tan pequeña como un grano de mostaza, podéis decir a este monte: 'Pásate de aquí allá', y se pasará. Nada os será imposible".

Este es uno de los ejemplos más conocidos del poder de la mente, revelado por una de las figuras más veneradas del cristianismo. Para las personas de esa época, todo lo que tenían que hacer era creer que la montaña podía moverse, y lo haría. Es sorprendente pensar que la montaña podría moverse solo porque tú lo ordenas.

Desafía todo lo que normalmente creemos saber sobre los

objetos. Nuestra forma de pensar había clasificado las cosas en categorías rígidas. "No puedo moverlo porque es una montaña".

Pero esta declaración provino de alguien que incluso caminó sobre el agua. Así que, si él pudo hacerlo, también es posible para nosotros.

¿No te interesa más saber sobre el cristianismo? ¿Qué opinas del legendario Maestro Yoda en *Star Wars,* quien dijo:

"No lo intentes, hazlo o no lo hagas."

Yoda dijo esto cuando Luke Skywalker no pudo sacar el Starfighter X del lago usando su mente.

Cuando Luke dijo: "No puedo hacer esto", el Maestro Yoda respondió: "Está solo en tu mente".

Aunque esta es una obra de ficción, demuestra el concepto de que el poder de la mente es ilimitado.

¿Todavía no estás convencido? ¿Qué opinas del efecto placebo?

Efecto placebo

El efecto placebo se observó en ensayos clínicos cuando se probó la eficacia de los medicamentos. Se incluyó la pastilla placebo para garantizar que los resultados fueran válidos.

El placebo se conoce también como una "píldora inactiva" porque no contiene los componentes del fármaco de prueba.

Los investigadores descubrieron que cuando los individuos de control (aquellos que tomaron la píldora placebo) creían que habían tomado el medicamento genuino, experimentaron los mismos efectos que aquellos que habían tomado la píldora genuina. Existen numerosos estudios que han demostrado el efecto placebo.

Estos hallazgos indican que lo que la mente piensa, el cuerpo responderá en consecuencia.

Pensamientos sobre el embarazo y la enfermedad

También ha habido varios informes de personas que pensaban firmemente que estaban embarazadas o enfermas y, de hecho, sus cuerpos mostraron síntomas de embarazo o enfermedad.

Trastorno de identidad disociativa

Además, el poder de la mente también se refleja en ciertos trastornos de la personalidad, y los médicos todavía están perplejos en cuanto a cómo se pueden encontrar varias personalidades únicas en un cuerpo.

El hecho más intrigante es que las características fisiológicas y físicas de cada personalidad difieren entre sí.

Ejemplo:

Hay una doble personalidad en Dave. La primera personalidad es Kevin, que es diabético y tiene problemas de visión. La otra personalidad es Alex, que es deportista y saludable. Cuando emerge la personalidad de Kevin, la persona (Dave) realmente muestra los síntomas de un diabético; su nivel de azúcar en la sangre aumenta (hiperglucemia) y necesita usar anteojos para leer.

Cuando la personalidad de Alex toma el control, su nivel de azúcar en sangre vuelve a la normalidad y su mala visión desaparece. Cada rasgo de la personalidad de Kevin desaparece como por arte de magia, y esto demuestra una conexión directa entre la mente y el cuerpo; todo lo que la mente cree puede ser logrado por el cuerpo.

Esto también se aplica a las otras personalidades presentes en esa persona. Los investigadores notaron que el color de ojos, la postura, el patrón de habla y otros rasgos de la persona con trastorno de identidad disociativa también cambiaban cada vez que asumía una nueva personalidad.

Lo sorprendente es que las diferentes personalidades de una persona con trastorno de identidad disociativa no se "conocen" entre sí.

¿No es asombroso? ¿Pero no sería fantástico también si pudieras ordenarle a tu cuerpo que hiciera cosas imposibles y buenas para la humanidad usando tu mente normal?

Telequinesis y telepatía mental

También hay informes de individuos raros que han demostrado tener poderes telequinéticos y telepáticos. Ambos poderes están controlados por la mente.

Esta es una evidencia empírica innegable de que si la mente está enfocada —de manera firme— en un solo pensamiento, puede ser lo suficientemente poderosa como para provocar cambios en el cuerpo. La mente puede controlar tu cuerpo, tus acciones, pensamientos y comportamientos.

Este punto está respaldado por numerosos estudios clínicos sobre el Efecto Placebo realizados por diversas compañías farmacéuticas y científicos; el poder de la mente en personas con trastornos de personalidad y en aquellos que parecen tener habilidades extraordinarias.

Existen casos documentados de personas que han logrado curarse milagrosamente a sí mismas mediante su propio poder mental.

Pero, ¿por qué las personas no aprovechan sus poderes mentales?

Es porque se necesita dedicación, concentración, diligencia, paciencia y esfuerzo para desarrollar las capacidades cognitivas.

Cada persona posee este poder mental, aunque en diferentes niveles. El tuyo puede estar inactivo porque no lo has utilizado en años.

Aparte de estos descubrimientos científicos, fisiológicamente, el cerebro tiene la función principal de regular el cuerpo. Cuando estás inconsciente, no sientes nada, ya que el cerebro no puede reconocer los estímulos.

El estímulo debe ser reconocido por el cerebro antes de que el cuerpo pueda reaccionar. Vamos a profundizar más sobre las funciones del cerebro relacionadas con nuestro tema.

Fisiología cerebral

El cerebro es el centro del Sistema Nervioso Central. En particular, el hipotálamo es responsable de liberar e inhibir hormonas para responder a las necesidades del cuerpo tras recibir un estímulo.

Un ejemplo es cuando el cuerpo tiene niveles bajos de hormonas tiroideas (hipotiroidismo), lo que estimula al cerebro a liberar el factor liberador de tirotropina (TRF) o la hormona liberadora de tirotropina (TRH) a las glándulas tiroides.

TRF hace que las glándulas tiroides aumenten la secreción de hormonas tiroideas (T3 y T4), hasta que los niveles se normalizan.

Cuando esto ocurre, los niveles normales de la hormona se enviarán nuevamente al cerebro, y el cerebro disminuirá la liberación de TRH, lo que a su vez reducirá la secreción de hormonas tiroideas.

Este es solo uno de los muchos ejemplos de hormonas que produce el hipotálamo. Otras de las principales hormonas secretadas por el hipotálamo incluyen:

- **Hormona liberadora de la hormona del crecimiento (GHRH)**: controla el crecimiento y desarrollo del cuerpo.
- **Hormona liberadora de corticotropina (CRH) o factor liberador de corticotropina (CRF)**: activa la corteza suprarrenal para secretar cortisol.
- **Hormona liberadora de gonadotropina (GnRH)**: regula las gónadas, los órganos reproductivos del cuerpo.
- **Somatostatina (GHIH)**: inhibe la liberación de la hormona del crecimiento y de la hormona estimulante de la tiroides.
- **Oxitocina**: producida por el hipotálamo, ayuda en el proceso de parto. Es liberada principalmente por la glándula pituitaria posterior.
- **Hormona antidiurética (ADH) o vasopresina**: ayuda a equilibrar los líquidos mediante la retención de agua y es liberada principalmente por la glándula pituitaria posterior.

Por lo tanto, cuando el hipotálamo no reconoce el estímulo enviado desde cualquier parte del cuerpo, no habrá una respuesta adecuada.

¿Alguna vez ha tenido una experiencia similar a estos eventos? ¿Hubo un momento en tu vida en el que deseaste enfermarte y luego efectivamente te enfermaste? ¿Te ha ocurrido que pensaste en un miembro de tu familia y, finalmente, descubriste que esa persona estaba pensando en ti?

Esto apoya la conclusión de que existe una conexión esencial entre la mente y el funcionamiento del cuerpo. Cómo te sientes, reaccionas y te comportas tiene una base científica, no son solo rumores.

CAPÍTULO 8: CÓMO SUPERAR EL MIEDO Y LA ANSIEDAD

En este punto, ya estás listo para establecer tus objetivos con el fin de resolver tus miedos y ansiedades. El propósito de fijar objetivos a corto y largo plazo es proporcionarte un plan o mapa claro que te indique hacia dónde te diriges.

Sin objetivos claros, podrías perder tiempo divagando y adivinando qué hacer a continuación. Sin embargo, antes de establecer tus metas, ya deberías haber reconocido que la mente es una herramienta poderosa para superar tus miedos.

Es fundamental que hayas internalizado que tu forma de pensar puede controlar tu comportamiento y tus acciones. Si no es así, deberías volver a los primeros capítulos y leer sobre el poder de tu mente hasta que realmente lo creas.

Después de este paso necesario, puedes continuar con el siguiente.

Establecer metas

Al establecer tus objetivos, puedes utilizar el método SMART. SMART significa Specific, Measurable, Attainable, Relevant e Time Bound.

Por supuesto, siempre puedes adaptarlos para que tus objetivos estén alineados con tus necesidades. No existen casos idénticos, ya que cada persona es única.

¿Qué significa SMART?

Specific

Tus objetivos deben ser claros y concretos. Evita generalizaciones. Cuando tus metas son específicas, puedes evaluarlas fácilmente.

Ejemplos:

- Al finalizar la terapia, podré superar mi miedo a los espacios abiertos.
- Al finalizar la terapia, podré caminar hasta la estación por mi cuenta.
- Al finalizar la terapia, podré cruzar la calle por mi cuenta.

Measurable

Los resultados o efectos deben ser cuantificables. Sin este aspecto, no podrás saber si tus objetivos se han alcanzado. Por lo tanto, establece metas que puedas medir.

Ejemplos:

- Al finalizar la terapia, podré caminar sola hasta la estación de tren 10 veces.
- Al finalizar la terapia, podré cruzar la calle por mi cuenta dos veces al día.

Attainable

Establece objetivos que puedas lograr. Evita metas que sean imposibles de alcanzar.

Ejemplos:

- Al finalizar la terapia, podré relacionarme con las personas en las fiestas.
- Al finalizar la terapia, podré expresarme durante nuestras reuniones mensuales de empresa.

Relevant

Tu objetivo debe ser relevante para la comunidad que te rodea. ¿Tu meta aporta algo positivo a los demás? ¿Funciona en el momento actual?

Ejemplos:

- Al finalizar la terapia, podría unirme a un grupo de voluntarios para ayudar a otras personas con los mismos miedos que yo.
- Al finalizar la terapia, podría ayudar a mis amigos a superar sus miedos.

Time Bound

Tus objetivos deben estar limitados por un plazo de tiempo específico. Esto te permitirá mantenerte enfocado y medir tu progreso dentro de un marco temporal concreto. Los plazos ayudan a crear un sentido de urgencia y compromiso con tus metas.

Ejemplos:

- Al finalizar la terapia dentro de tres meses, podré caminar sola hasta la estación de tren.
- En un plazo de cuatro semanas, podré cruzar la calle por mi cuenta al menos dos veces al día.
- Durante los próximos seis meses, asistiré a al menos tres reuniones sociales para practicar mis habilidades de comunicación.

Siguiendo estas pautas, ahora puedes preparar tus objetivos. Ten en cuenta que estos son tus objetivos personales, por lo que deben estar orientados a tu desarrollo y a la superación de tus miedos.

Ejemplos de objetivos generales de la terapia

Al final de la terapia, podré:

- Hablar en público siempre que me lo pidan.
- Socializar con personas de mi círculo todos los días.
- Estar en espacios abiertos cuando salga con familiares y amigos.

En tu cuaderno de bitácora, anota todos los miedos que has reconocido hasta el momento. Sé específico con tus miedos, para poder preparar metas claras que puedas alcanzar. Establece metas para cada uno de estos miedos y ansiedades.

Estos dos términos están relacionados, por lo que puedes crear un objetivo para ambos.

Ejemplo:

Cuando tienes miedo a las alturas, tus ansiedades serían: miedo a caerte, miedo a saltar, etc. Por lo tanto, puedes crear una meta para tus miedos y ansiedades porque están relacionados con el mismo miedo.

Objetivo a largo plazo

Al finalizar la terapia, podré subir escaleras de edificios sin ayuda.

También puedes crear objetivos a corto plazo para poder realizar un seguimiento rápido de tu progreso.

Ejemplo:

Al final de 1 mes, podré:

- Expresarme con mi familia y amigos cercanos.
- Socializar con 10 personas de mi círculo.
- Permanecer en espacios abiertos durante 1 hora.

Puedes adaptar el método que más te convenga. Recuerda que el objetivo final es eliminar tus pensamientos disfuncionales/pensamientos automáticos en favor de pensamientos más realistas y positivos.

Cómo implementar tus objetivos para gestionar el miedo y la ansiedad

Existen pasos específicos que debes seguir para poder seguir fácilmente tu progreso.

Puedes empezar gestionando el miedo que te resulte más fácil de conquistar. Una vez que superes ese miedo, podrás continuar con los demás miedos que desees superar.

1. Identifica tus miedos

En tu diario, toma nota de los miedos que has enumerado allí. Crea una nueva tabla y escríbelos uno por uno.

2. Identifica los pasos que necesitas implementar

Identifica los pasos que debes seguir para superar tus miedos. ¿Qué pasos específicos deberías tomar para lograr este objetivo? Debes preparar pasos que puedas realizar por ti mismo. Los pasos deben estar en orden cronológico.

3. Identifica mecanismos de afrontamiento eficaces para cada uno de tus miedos

¿Qué mecanismos o estrategias de afrontamiento pueden ser eficaces para cada uno de tus miedos? Estos pueden ser diferentes de persona a persona. Por lo tanto, puede resultar útil descubrir por ti mismo tus propios mecanismos de afrontamiento. Esto se debe a que ya tienes una idea, más o menos, de cuáles podrían ser eficaces o no para ti. Además, utiliza todos los recursos útiles a tu disposición.

Si no puedes encontrar mecanismos para afrontar la situación, puedes experimentar y descubrir qué funciona mejor para ti. Continúa explorando estrategias hasta que encuentres un mecanismo de afrontamiento que funcione.

4. Evalúa los resultados

Después de implementar los mecanismos de afrontamiento, podrás evaluar los resultados y ver si hay un cambio en el grado de ansiedad con respecto a cada uno de tus miedos. ¿Qué mecanismo de afrontamiento funcionó eficazmente? ¿Qué no funcionó? ¿Qué harías diferente la próxima vez?

Comienza con el miedo que te resulte más fácil de manejar. Luego, gradualmente, enfrenta tus otros miedos. Tienes que conquistar tus miedos uno a la vez para poder concentrarte. Sería difícil afrontar todos tus miedos a la vez.

Tus reacciones esperadas ante las situaciones temidas pueden ser algunas de las siguientes conductas de seguridad:

- **Evitar situaciones temidas**: en lugar de sentir ansiedad, tratas de evitar dichas situaciones. Esto puede ser perjudicial porque no puedes evitar el miedo para siempre. Debes exponerte, poco a poco. Puedes hacerlo, solo sé persistente.
- **Buscar tranquilidad en los demás**: siempre puedes acudir a tu familia y amigos en busca de tranquilidad, pero no siempre estarán disponibles para ti. Llegará un momento en que te dejarán, y entonces, ¿a dónde irás? Con la guía de este libro, podrás superar tu miedo para siempre. En lugar de eso, busca consuelo en ti mismo y todo estará bien.
- **Sobrepreparación**: revisas repetidamente para asegurarte de que todo esté en orden. Estás exagerando y estresando a todos. Puedes volver a revisar tu preparación, pero hacerlo varias veces es

excesivo. Controla tu exageración. No seas esclavo de tus temores.

- **Procrastinación**: pospones las cosas porque tienes miedo de que tus temores se hagan realidad. Pero cuidado, solo algunos de tus miedos se harán realidad. No te tortures con pensamientos disfuncionales.
- **Perfeccionismo**: no quieres que nada salga mal, por eso deseas que todo sea perfecto. Nada es perfecto en este mundo. Entonces, afloja el control de tu miedo.

Encuentra mecanismos de afrontamiento

En los mecanismos de afrontamiento, puedes hacer una lluvia de ideas para obtener todas las ideas posibles. No filtres ninguna idea. Escríbelas todas. Lo que te pueda parecer irrelevante puede ser, de hecho, el mecanismo de afrontamiento que funcione mejor más adelante.

Explora todos los mecanismos de afrontamiento que te vengan a la mente y experimenta con ellos uno por uno.

Exposición gradual

También puedes hacer una exposición gradual. A medida que te expongas a tus miedos, eventualmente podrás superarlos. Este método puede ayudarte a superar tus miedos y fobias.

Pasos de exposición gradual

1. La mente se confirma positivamente a sí misma que su fobia no es natural. Hasta que estés seguro de tu estado mental, no intentes exponerte.
2. Enfrenta tu miedo gradualmente. Hazlo poco a poco.

Ejemplo:

Tienes miedo de caminar por calles laterales.

El primer día, puedes pararte en la calle lateral unos minutos. Observa tu comportamiento. Replantea que no hay nada malo en caminar por calles laterales.

El segundo día, puedes dar algunos pasos hacia adelante. Camina esa longitud de calle, de ida y vuelta. Haz esto durante varios días hasta que tu comportamiento ya no sea tan extremo. Puedes pedirle a alguien que te acompañe.

Al tercer día, puedes aumentar la distancia. Haz esto hasta que tu comportamiento se vuelva normal.

Autorelajación

Puedes calmarte mediante autorelajación. Puedes decirte palabras tranquilizadoras y alentadoras para eliminar los pensamientos negativos.

En las respuestas de alarma se establece lo siguiente:

1. **Tu percepción de la amenaza**: ya sea que la amenaza sea externa, interna o simplemente condicional, es posible que ya la hayas percibido. Luego, presionas un botón de alarma en tu mente.
2. **Evaluación de amenazas**: ¿Puedes evaluar correctamente la amenaza? Digamos que estás amenazado por un río embravecido. ¿El río pone en peligro tu hogar? ¿A qué altura llega? ¿Qué tan fuerte es su corriente?
3. **Respuesta fisiológica y emocional**: Hiperventilarías por miedo. Tu presión arterial aumentaría y tu pulso se aceleraría. Las hormonas de emergencia, como la epinefrina, también aumentarán su secreción. Esta hormona aumentará aún más tu nivel de azúcar en sangre y fortalecerá tus músculos. El cuerpo responde a lo que piensas. Si crees que existe una amenaza, la fisiología del cuerpo reacciona. También podrías enfermarte si tu mente sigue pensando que hay una amenaza.

4. **Respuesta conductual**: Puedes escapar del río embravecido y gritar pidiendo socorro. También puedes subir a un lugar más alto para evitar que te arrastre la fuerte corriente.

En este caso, tu comportamiento fue dictado por tu mente.

¿Cuánto tiempo usarás los escalones y la mesa?

No hay límite. Puedes utilizarlos tantas veces como sea necesario. Debes usarlos para conquistar un miedo a la vez, hasta que hayas superado todos tus miedos. Puedes modificar los pasos o el mecanismo de afrontamiento según tu evaluación de lo que funcionó y lo que no funcionó en tu primera exposición. Puedes volver a ejecutar los pasos, omitiendo las estrategias que no funcionaron e incluyendo las que sí funcionaron y nuevas estrategias para ver si funcionan. Es un ciclo continuo que puedes repetir hasta que encuentres los pasos perfectos y los mecanismos para afrontar ese miedo.

Cuando seas capaz de superar tu miedo menor, podrás continuar con los demás miedos, hasta que seas capaz de manejar todos tus miedos. Así que comienza con el miedo que tiene la menor cantidad de amenaza y termina con el miedo que tiene la mayor cantidad de amenaza.

CAPÍTULO 9: DETENER LOS PENSAMIENTOS NEGATIVOS Y LA ANSIEDAD CON LA TCC

Superar los pensamientos negativos y la ansiedad es más fácil de decir que de hacer. De hecho, los estudios revelan que incluso si le dices a las personas que eviten pensar en exceso sobre un tema específico, resulta aún más difícil eliminar ese patrón de pensamiento de su mente.

Sin embargo, permitirte pensamientos negativos y repetirlos una y otra vez en la cabeza podría resultar contraproducente e incómodo. En algunos casos, incluso podría provocar una depresión crónica.

La TCC puede ayudarte a dejar de pensar en exceso sobre pensamientos negativos al redirigir tu mente hacia algo positivo. A través de una serie de sesiones de terapia, cualquier persona muy afectada por pensamientos negativos puede beneficiarse al recablear su cerebro.

La mayoría de las personas que experimentan ansiedad o depresión causada por pensamientos negativos deberían probar la TCC para poder abordar los problemas de inmediato. Los estudios sugieren que las personas deprimidas normalmente no responden bien a las técnicas de autoayuda. Por tanto, se recomienda asistir a sesiones de TCC durante al menos seis semanas. Un especialista en TCC puede enseñarte algunas técnicas que podrían ayudar a contrarrestar los patrones de pensamiento negativos asociados con la depresión.

Identificar la raíz del problema que causa el pensamiento negativo

Es importante encontrar el problema y pensar en posibles soluciones. Hablar con un terapeuta y mantener un diario podría ayudarte a descubrir la raíz del pensamiento negativo.

Escribe cada pensamiento que tengas en mente. Piensa en las cosas que te molestan y encuentra formas de afrontar el problema. La falta de esperanza es un sello distintivo de la depresión. Es la creencia de que nada puede ser mejor. Hacer una lista de cosas que puedes hacer para mejorar tu situación actual podría ayudarte a reducir la sensación de malestar. Por ejemplo, si estás luchando contra la depresión, hay muchas cosas que puedes hacer, como adoptar una mascota, unirte a un club local según tus intereses, ser voluntario en una organización benéfica que te interese y mucho más para evitar hundirte cada vez más en ello.

Mantén un diario que te ayudará a combatir los pensamientos negativos

Después de determinar los desencadenantes y los factores agravantes de tu depresión, el siguiente paso es estar alerta a los malos pensamientos que a menudo aparecen en tu cabeza para abrumar a los buenos.

En tu diario, intenta escribir una declaración personal para combatir cualquier pensamiento negativo. Escribe tus afirmaciones personales y léelas para ti mismo cada vez que tus pensamientos negativos te depriman. A medida que continúes con esta disciplina, eventualmente desarrollarás nuevas asociaciones que reemplazan los pensamientos negativos por positivos.

Pero debes recordar que las autoafirmaciones no deben estar demasiado alejadas de los pensamientos negativos, porque es posible que la mente no pueda aceptarlos. Por ejemplo, cuando el pensamiento negativo es "Estoy muy triste hoy", no debes intentar combatirlo con "Estoy muy feliz hoy". Eso sería una completa mentira. Una mejor autoafirmación será: "Está bien estar triste. Esto es sólo una emoción. Esto también pasará. Y mañana será un día mejor".

Esta afirmación implica que está bien aumentar el nivel de alegría que puedes sentir y que tu mente estará bajo control para protegerte de la decepción. Es saludable reconocer la parte de nuestro cuerpo y mente que nos ayuda a afrontar las emociones negativas.

Aprende a aceptar las decepciones

Es fundamental aceptar las decepciones como parte de nuestra vida. La forma en que respondamos podría afectar la facilidad con la que podemos avanzar. Un adolescente que atraviesa una mala ruptura puede culpar a cosas triviales como el simple acné y pensar: "No tiene sentido tratar de ser bella. No agradaré a nadie".

Un mejor enfoque es permitirte experimentar decepción y recordar que hay cosas que están fuera de tu control. En lugar de eso, concéntrate en las cosas que puedes controlar. Escribe los detalles de tu situación actual, las lecciones que aprendiste de la experiencia y lo que podrías hacer diferente la próxima vez. Esto podría ayudarte a avanzar y ser más positivo acerca de tu futuro.

Busque nuevas oportunidades para el pensamiento positivo

Incluso aquellos que entran en una habitación e inmediatamente piensan que odian la decoración probablemente puedan "recablear" su cerebro para encontrar al menos tres cosas en la habitación que les gusten. Una técnica sencilla consiste en poner un recordatorio en el teléfono al menos tres veces al día para reconfigurar sus pensamientos y generar pensamientos positivos. Si tiene un familiar o un amigo que también necesita controlar sus pensamientos negativos, pueden optar por formar un equipo y apoyarse mutuamente. De esta manera, su grupo puede compartir sus pensamientos y experiencias.

Reflexión antes de dormir

También puedes combatir los pensamientos negativos reflexionando sobre los aspectos más positivos del día. Lo ideal es que puedas escribir en tu diario por lo que estás agradecido. Hacer un seguimiento de tus pensamientos positivos y también compartirlos con tus seres queridos podría ayudarte a crear nuevas asociaciones en tu mente para establecer nuevos patrones de pensamiento. Con esta técnica podrás levantarte por la mañana sintiéndote renovado y listo para superar cualquier desafío del día.

Cómo la TCC puede ayudarle a controlar el trastorno de ansiedad

Si su vida está fuertemente influenciada por fobias debilitantes, preocupaciones incesantes, pensamientos obsesivos o ataques de pánico, es posible que esté sufriendo un trastorno de ansiedad. A través de la TCC, puedes controlar los problemas de ansiedad aprovechando tu mente para conquistar tus miedos y tomar el control de tu ansiedad. Antes de seguir hablando sobre la TCC y cómo puede ayudarle a aliviar demasiadas preocupaciones, primero comprendamos el trastorno de ansiedad.

¿Qué es el trastorno de ansiedad?

El trastorno de ansiedad es uno de los trastornos mentales más comunes y se caracteriza por miedo, preocupación y sensación constante de angustia. Aunque los seres humanos tienen una tendencia natural a sentirse ansiosos, una persona con un trastorno de ansiedad puede experimentar niveles incómodos de ansiedad que generalmente van más allá de lo razonable.

Por ejemplo, un hombre promedio puede sentirse preocupado antes de ir a una entrevista de trabajo, pero una persona que padece un trastorno de ansiedad puede sentirse preocupada cada vez que va a trabajar. Se cree que esta condición está subdiagnosticada. La mayoría de las veces, quienes padecen un trastorno de ansiedad no saben que padecen una enfermedad tratable.

Las personas que padecen un trastorno de ansiedad también suelen sufrir trastornos relacionados, como la depresión. Si no se trata, este trastorno puede llevar a autolesiones e incluso al suicidio.

Los síntomas del trastorno de ansiedad varían según el tipo de enfermedad, pero la afección generalmente se caracteriza por dificultad para dormir bien, irritabilidad, incapacidad para concentrarse, una sensación de peligro inminente y síntomas físicos como palpitaciones, sudoración o tensión muscular. Las personas con trastorno de ansiedad también tienden a experimentar sentimientos de desesperanza y angustia.

El trastorno de ansiedad también se caracteriza por la incapacidad para realizar las actividades cotidianas. Quienes padecen esta afección suelen tener una calidad de vida reducida.

En el Manual diagnóstico y estadístico de trastornos mentales actualizado (DSM-5) se incluyen formas específicas de trastornos de ansiedad. Esto incluye el trastorno obsesivo-compulsivo (TOC), el trastorno de ansiedad generalizada, el trastorno de pánico, el trastorno de estrés postraumático, la agorafobia, el trastorno de ansiedad social e incluso las fobias simples.

El trastorno de ansiedad social es el tipo más común de trastorno de ansiedad y los síntomas suelen aparecer antes de los 20 años. Las fobias comunes, como el miedo a las cucarachas, también son bastante típicas: más de 1 de cada 10 personas padece una fobia específica.

Para el tratamiento del trastorno de ansiedad, los estudios revelan que la terapia suele ser una de las técnicas más eficaces. Esto se debe a que la terapia, a diferencia de la mayoría de los medicamentos, puede tratar algo más que los síntomas del trastorno. La TCC puede ayudarle a descubrir las causas más profundas de sus miedos y preocupaciones, obtener una nueva perspectiva de las cosas, aprender a estar tranquilo en medio de ataques de pánico y desarrollar mejores habilidades para afrontar y resolver problemas. La TCC puede proporcionarle herramientas para ayudarlo a controlar su trastorno de ansiedad.

Existen diferentes formas de trastornos de ansiedad y la TCC se puede adaptar a preocupaciones y síntomas específicos. Si sufre ataques de pánico, por ejemplo, su tratamiento de TCC será muy diferente al de alguien que padece un trastorno obsesivo-compulsivo.

Además, la duración del tratamiento también dependerá del tipo e intensidad de su trastorno de ansiedad. Sin embargo, la mayoría de las técnicas de TCC para el trastorno de ansiedad son de corta duración. De hecho, la Asociación Estadounidense de Psicología solo recomienda entre 8 y 10 sesiones de TCC para personas que padecen trastornos de ansiedad.

Existen diversas formas de tratamiento para aliviar el trastorno de ansiedad. Sin embargo, las principales técnicas son la TCC y otros tratamientos relacionados como la terapia de exposición. Cada tratamiento se puede utilizar como terapia independiente o como parte de un régimen combinado.

La TCC es una técnica comúnmente recomendada para personas que padecen trastornos de ansiedad. Las investigaciones revelan que la TCC es un enfoque eficaz en el tratamiento del trastorno de ansiedad generalizada, el trastorno de ansiedad social, las fobias y el trastorno de pánico, entre otras afecciones de salud mental. La TCC puede abordar distorsiones y patrones negativos en la forma en que percibimos el mundo y nuestra imagen.

Recuerde que el concepto fundamental de la TCC es que nuestra forma de pensar, más que el entorno, influye en nuestras emociones. En pocas palabras, no son nuestras circunstancias actuales las que dictarán cómo nos sentimos, sino cómo percibimos la situación. Por ejemplo, digamos que ha sido seleccionado para presentar un argumento de venta a un cliente importante. Trabaje en al menos tres enfoques diferentes para pensar en la oportunidad y en cómo sus pensamientos podrían afectar cómo se siente.

Escenario: Tiene que ofrecer un argumento de venta importante

1. La oportunidad es emocionante. Me encanta hablar con un cliente que realmente necesita nuestro servicio. Emociones: Emocionado, Feliz
2. Las presentaciones no son lo mío. Prefiero quedarme en la oficina y preparar el informe para otra persona que hable mejor que yo delante de la gente. Emociones: Indiferente
3. No sé qué decir. ¿Qué pasa si arruino la presentación? Mi jefe me odiará. Emociones: Preocupación

Como puede ver, diferentes personas pueden experimentar diferentes emociones ante la misma situación. Todo esto puede depender de las creencias, actitudes y expectativas de cada uno. Para quienes padecen trastornos de ansiedad, el pensamiento negativo también puede alimentar emociones negativas de miedo y ansiedad. El objetivo de la TCC es identificar y corregir estas creencias y pensamientos negativos. La idea principal es que, si cambia su forma de pensar, también puede remodelar sus emociones.

Técnica de TCC en 3 pasos para desafiar tus pensamientos

La reestructuración cognitiva, también conocida como desafío del pensamiento, es un proceso de TCC en el que es necesario desafiar los pensamientos negativos que solo alimentan su ansiedad y reemplazarlos con pensamientos más realistas y positivos. Este proceso implica tres pasos específicos:

1. **Identifique sus pensamientos negativos**: Las personas con trastorno de ansiedad tienden a percibir las situaciones como más amenazantes de lo que realmente son. Por ejemplo, para alguien que teme a los gérmenes, dar la mano puede percibirse

como una actividad de alto riesgo. Aunque esto a menudo se considera un miedo irracional, comprender estos patrones de pensamiento puede ser un desafío. Una forma de evitar esto es seguir preguntándose qué estaba pensando cuando comenzó a sentirse ansioso. Su especialista en TCC puede ayudarle a llevar a cabo este paso.

2. **Desafíe el pensamiento negativo**: A continuación, su especialista en TCC le ayudará a evaluar eficazmente los pensamientos que están causando su problema de ansiedad. Esto puede incluir examinar la validez de sus pensamientos preocupantes, evaluar creencias que no son útiles y verificar la realidad de las predicciones negativas. Los enfoques más comunes para desafiar el pensamiento negativo incluyen pensar en cómo es realista que lo que le preocupa no suceda, comparar las ventajas y desventajas de la ansiedad, realizar experimentos o evitar la causa fundamental de su miedo.
3. **Reemplace el pensamiento negativo por uno más realista**: Después de haber identificado con éxito las distorsiones negativas y las predicciones irracionales en sus pensamientos negativos, el siguiente paso es reemplazarlos con nuevos pensamientos que sean más positivos y realistas. Su especialista en TCC también puede ayudarlo a crear afirmaciones más precisas y relajantes que pueda repetirse cuando esté a punto de experimentar una situación que generalmente le cause ansiedad.

Para comprender mejor el mecanismo de desafiar los pensamientos negativos en la TCC, examinemos este breve ejemplo:

Betty no quiere seguir trotando porque le preocupa cómo se ve cuando corre y cree que todos se reirían de ella. Su especialista en TCC le pidió que hiciera una lista de sus pensamientos negativos, comprendiera las distorsiones cognitivas y trabajara con una afirmación más lógica. Mira los resultados:

1. Pensamiento negativo: ¿Qué pasa si parezco estúpido cuando hago jogging? Sesgo negativo: pensamiento en el peor de los casos. Pensamiento más realista: nadie me ha dicho nunca que parezco estúpido.
2. Pensamiento negativo: ¡Si parezco tonto, será terrible! Sesgo negativo: exagerar las cosas. Pensamiento más realista: estoy haciendo esto por mi salud. No es terrible.
3. Pensamiento negativo: La gente podría reírse de mí. Sesgo negativo: sacar conclusiones precipitadas. Pensamiento más realista: la opinión de los demás no me afecta.

Por supuesto, puede ser complicado reemplazar los pensamientos negativos por otros más realistas. La mayoría de las veces, los pensamientos negativos han formado parte de nuestra personalidad durante mucho tiempo. Generalmente, se requiere tiempo y esfuerzo para cambiar este hábito. Por eso, la TCC también incluye pasos que puedes practicar en casa, como aprender a reconocer si estás preocupado y cómo te sientes físicamente, y aprender técnicas de relajación y habilidades de afrontamiento para combatir el pánico y la ansiedad.

Terapia de exposición para el trastorno de ansiedad

Tendemos a evitar la ansiedad porque es muy desagradable. Una de las formas más comunes en que las personas hacen esto es evitar ciertas situaciones que las hacen sentir ansiosas. Si le tienes miedo a las cucarachas, puedes pasar más tiempo limpiando tu casa para evitar encontrarte con el insecto. O si te sientes ansioso por hablar en público, puedes rechazar una presentación importante que podría conducir a tu ascenso en el trabajo. Además del inconveniente, el principal problema de evitar los miedos es que nunca tendrás la oportunidad de enfrentarlos. De hecho, evitar las cosas que temes solo puede fortalecer el miedo.

Como sugiere el nombre, la terapia de exposición es una forma de TCC que te expondrá a ciertos objetos o situaciones que te dan miedo. El concepto es que, a través de una serie de exposiciones, podrás sentir un creciente control sobre la situación y, como resultado, tu ansiedad disminuirá.

Esto se puede hacer de dos maneras. Primero, puedes afrontar la situación en la vida real. En segundo lugar, tu terapeuta te pedirá que pienses en una situación aterradora. Esta forma de terapia podría usarse como tratamiento independiente o podría realizarse como parte de una sesión de TCC.

Desensibilización sistemática

Enfrentar tu mayor miedo de frente podría ser una experiencia traumática, por lo que la terapia de exposición a menudo comienza con un escenario levemente traumático. Este proceso se llama desensibilización sistemática y te ayudará a enfrentar gradualmente tus miedos, aprender habilidades para controlar el pánico y generar confianza. Aquí tienes un ejemplo de cómo podría progresar:

Cómo enfrentar el miedo a las alturas - Exposición al puenting

1. Mira fotos de lugares populares para hacer puenting.
2. Mira un video de una persona haciendo un salto en bungee.
3. Encuentra el lugar más cercano para hacer puenting.
4. Aprende cómo realizar un salto en bungee de manera correcta y segura.
5. Pide a alguien que te acompañe.
6. Dirígete al lugar donde harás el puenting.

7. Asegúrate de que el equipo de seguridad esté en su lugar.
8. Cierra los ojos y respira profundamente.
9. Celebra tu éxito saltando.
10. Repite.

Hay tres partes de la desensibilización sistemática:

1. Dominar las habilidades de relajación

Tu especialista en TCC te enseñará a relajarte mediante la respiración profunda o la relajación muscular progresiva. Puedes practicar esto en casa o durante tu sesión. A medida que empieces a enfrentar tus miedos, puedes utilizar esta estrategia de relajación para disminuir tu respuesta física a la ansiedad (hiperventilación o temblores) y permitirte relajarte.

2. Haz una lista

Debes hacer una lista de al menos 10 situaciones aterradoras que podrían ayudarte a avanzar hacia tu objetivo final. Por ejemplo, si tu objetivo final es superar tu miedo a las alturas, puedes comenzar mirando lugares populares para hacer puenting y terminar haciendo un salto en bungee. Cada paso debe ser lo más específico y medible posible.

3. Siga los pasos

Con la supervisión de un especialista en TCC, es necesario comenzar a trabajar en la lista de situaciones temidas. El objetivo aquí es exponerse gradualmente a cada escenario aterrador hasta que el miedo comience a disminuir. A través de este proceso, aprenderás que las sensaciones intensas no te causarán daño y tenderán a desvanecerse con el tiempo.

Si en algún momento la ansiedad se vuelve demasiado abrumadora, puedes recurrir a la técnica de relajación que hayas aprendido. Una vez que te hayas relajado nuevamente, puedes optar por volver a concentrarte en la situación que te causa miedo. Al seguir este proceso, podrás avanzar paso a paso hasta poder completar la lista sin experimentar los efectos negativos de la ansiedad.

Otras terapias recomendadas para el trastorno de ansiedad

Además de la TCC, existen otras terapias recomendadas que pueden proporcionarte alivio general del estrés y ayudarte a lograr un bienestar emocional duradero.

Técnicas de relajación

La práctica regular de técnicas de relajación como la visualización, la respiración controlada, la relajación muscular progresiva y la meditación de atención plena pueden reducir la ansiedad, aumentar la sensación de relajación y promover emociones saludables.

Ejercicio

El ejercicio es un ansiolítico natural y un excelente calmante para el estrés. Según estudios, realizar al menos 30 minutos de ejercicio de 3 a 5 veces por semana puede producir resultados significativos en el alivio de la ansiedad. Para obtener el mayor beneficio, intenta realizar al menos una hora de ejercicio aeróbico la mayoría de los días de la semana.

Hipnosis

La hipnosis se utiliza frecuentemente como complemento de la TCC para tratar el trastorno de ansiedad. Mientras te encuentras en un estado profundamente relajado, tu terapeuta puede emplear diversas técnicas terapéuticas para ayudarte a enfrentar tus miedos y obtener nuevas perspectivas sobre ellos.

Biorretroalimentación

Mediante el uso de sensores que miden funciones fisiológicas específicas como la tensión muscular, la respiración y la frecuencia cardíaca, la biorretroalimentación te permite identificar la respuesta de ansiedad en tu cuerpo y aprender a controlarla utilizando técnicas de relajación específicas.

Cómo aprovechar al máximo la terapia de ansiedad

Recuerda, no existe una solución mágica que haga que tu ansiedad desaparezca en segundos. El tratamiento del trastorno de ansiedad requiere tiempo, esfuerzo y perseverancia. Se trata de enfrentar tus miedos en lugar de evitarlos, por lo que es posible que te sientas peor antes de empezar a experimentar alivio. No obstante, debes seguir tu plan de tratamiento y confiar en el consejo de tu terapeuta. Si alguna vez te sientes abrumado por el progreso de la recuperación, recuerda que la terapia para la ansiedad es más efectiva cuando se mantiene un enfoque constante y a largo plazo. Con el tiempo, puedes obtener recompensas duraderas siempre que te comprometas con tu parte del proceso.

También es posible complementar tu terapia de ansiedad con decisiones positivas en otros aspectos de tu vida. Estos cambios pueden afectar todo, desde tu nivel de actividad hasta tu vida social, lo que a su vez puede impactar en tu ansiedad. Sentar las bases para el éxito incluye tomar decisiones proactivas que fomenten una mentalidad positiva, vitalidad y relajación en tu día a día.

Mantén un estilo de vida saludable

El estrés físico puede intensificar la ansiedad y la tensión. Asegúrate de dedicar tiempo a la actividad física regular. Evita el uso de drogas o alcohol para lidiar con los síntomas de ansiedad, y mantente alejado de estimulantes como la nicotina y la cafeína, que pueden empeorar el trastorno de ansiedad.

Evita los factores estresantes en tu vida

Haz una evaluación de tu vida y busca formas de reducir los factores estresantes. Aléjate de personas que puedan aumentar tu ansiedad y rechaza obligaciones innecesarias. Intenta incorporar actividades agradables y relajantes en tu agenda diaria para equilibrar la tensión.

Fortalece tus relaciones

El aislamiento y la soledad pueden ser factores que fomenten la ansiedad. Reduce estos sentimientos conectándote con personas que te importan. Asegúrate de pasar tiempo con amigos cercanos, haz voluntariado en organizaciones y comparte tus preocupaciones con un ser querido que realmente se preocupe por ti.

Leer más sobre la ansiedad

Para combatir la ansiedad, es fundamental comprender plenamente el problema. Aquí es donde entra en juego el aprendizaje. La lectura, por sí sola, no curará el trastorno de ansiedad, pero te ayudará a sacar el máximo provecho de tu tratamiento.

CAPÍTULO 10: CÓMO SUPERAR LOS MALOS HÁBITOS

Los psicólogos describen los hábitos como la forma en que nuestro cerebro opera de manera automática. Los hábitos nos ayudan a prepararnos para el trabajo, encontrar el camino a nuestro lugar de trabajo y llegar a casa sin necesidad de reinventar la rueda todos los días. Pueden ahorrarnos tiempo y energía, a menos que el hábito no favorezca nuestro crecimiento personal; estos hábitos perjudiciales incluyen comer palomitas a medianoche o morderse las uñas.

Cómo se forman los hábitos

Para comprender mejor por qué algunos hábitos pueden ser difíciles de cambiar, psicólogos de la Universidad de California llevaron a cabo experimentos con ratones y descubrieron que los circuitos cerebrales responsables de formar nuestras metas y hábitos compiten entre sí en el cerebro que toma decisiones.

Según Christina Gremel, investigadora de la Universidad de California en San Diego, los neuroquímicos conocidos como endocannabinoides permiten que el hábito se imponga, actuando como una especie de freno en los circuitos cerebrales orientados a objetivos. Nuestro cuerpo produce naturalmente endocannabinoides con receptores repartidos por todo el cerebro y el cuerpo. Este proceso está implicado en diversas funciones fisiológicas, como la memoria, el estado de ánimo, la percepción del dolor y el apetito.

Los estudios iniciales también revelan la existencia de una parte específica del cerebro que transmite señales dirigidas hacia un objetivo. Esto se conoce como la corteza orbitofrontal (OFC). Durante los experimentos, cuando los investigadores aumentaron la actividad de las neuronas de esta zona mediante la optogenética, una técnica de laboratorio que utiliza destellos de luz, las acciones dirigidas a un objetivo también se intensificaron. Y cuando los investigadores redujeron la intensidad de la OFC utilizando la misma técnica, los ratones actuaron de acuerdo con el hábito ya establecido.

Debe existir un equilibrio adecuado entre las acciones automáticas y las orientadas a objetivos en la gestión de tareas y en la vida diaria. Nuestros hábitos nos permiten ser más eficientes y rápidos en las tareas cotidianas. Pero también experimentamos cambios en nuestros hábitos y necesitamos la capacidad de romperlos, adoptando acciones orientadas a objetivos basadas en información actualizada.

Por ejemplo, cuando tenemos que ir a un lugar de trabajo por primera vez, nuestro cerebro pasa del hábito a la acción orientada a objetivos. La decisión de cambiar un hábito también depende de tomar medidas orientadas a objetivos desde el principio. Los ratones sanos no tuvieron dificultades para cambiar de comportamiento. Sin embargo, los psicólogos sugieren que las personas con trastornos mentales, como la adicción a sustancias o el trastorno obsesivo-compulsivo, pueden enfrentar obstáculos físicos que dificultan la adopción de comportamientos orientados a objetivos. Una forma de cambiar los malos hábitos es mediante la Terapia Cognitivo-Conductual (TCC).

Seis pasos para romper con los malos hábitos mediante la terapia cognitivo-conductual

Recuerde que los hábitos son comportamientos que hemos aprendido a lo largo del tiempo. Luego, podemos desaprender estos hábitos tomando conciencia de ellos y siendo persistentes en cambiar nuestras costumbres.

Cuanto más nos entregamos a nuestros hábitos, más fuertes y arraigados se vuelven. Pero cada vez que intentemos hacer algo diferente a nuestros hábitos, estos se debilitarán y el nuevo comportamiento se fortalecerá a medida que lo practiquemos. La TCC proporciona un enfoque paso a paso para superar los malos hábitos:

Paso 1: Decídete a tomar la decisión hoy

El primer paso para romper con un hábito es tomar la decisión de hacer algo al respecto. Es crucial tomar la decisión hoy, no mañana, porque esto fortalecerá su determinación de cambiar. Una vez que haya reflexionado sobre el daño que le causa el hábito, será más fácil encontrar la motivación para cambiar.

Además, también es fundamental centrarse en los beneficios que puede obtener cuando logra romper el hábito. Piensa en el peor de los casos: continuar con el hábito y eso podría impulsarte a tomar medidas. Incluso puedes decidir dejar el hábito en este primer paso. Hay personas que han desarrollado el mal hábito de revisar su correo electrónico cada cinco minutos hasta el punto de que se ha vuelto contraproducente. Cuando sea más consciente de por qué necesita cambiar este hábito, será más fácil hacerlo.

Paso 2: Practica la atención plena

Para acabar con un mal hábito, primero debes tomar conciencia y aceptar que tu hábito es perjudicial para ti. También debes aceptar que solo tú puedes detenerlo. Es fundamental que seas consciente de las consecuencias de mantener un mal hábito.

Por ejemplo, si miras Netflix constantemente, incluso cuando deberías estar trabajando, debes reflexionar sobre las circunstancias que te llevan a pasar horas viendo programas que probablemente no contribuyen a tu bienestar. ¿Cómo te sientes cuando te despiertas por la mañana después de haber visto una temporada completa?

Es esencial llevar un seguimiento de tus hábitos y conocer las circunstancias y la frecuencia con las que los adoptas. Por ejemplo, si te muerdes las uñas, ¿lo haces cuando estás en casa o en el trabajo? Además, toma nota de cómo te sientes cuando realizas este hábito.

Estudia tu hábito con atención al menos una vez a la semana. Al hacerlo, podrás identificar patrones y descubrir los antecedentes de tu comportamiento. Identifica qué cosas podrían estar desencadenando tu hábito. ¿Cuáles son los factores ambientales que te empujan a caer en tu mal hábito? Al prestar atención a tus malos hábitos, la frecuencia de estos disminuirá, lo cual es un paso importante para hacer el cambio necesario.

En el siguiente capítulo, encontrarás un análisis detallado sobre Mindfulness, así como algunos ejercicios que te ayudarán a ser más consciente.

Paso 3: Utiliza estrategias de TCC para cambiar el hábito

Ten en cuenta que el concepto central de la TCC gira en torno a nuestros pensamientos, emociones y comportamientos. La forma en que pensamos influye en cómo nos sentimos y actuamos. Por lo tanto, la TCC es una herramienta eficaz para acabar con los malos hábitos.

Una estrategia de TCC efectiva para abordar los malos hábitos es la técnica básica STOP. Una vez que te des cuenta de que estás cometiendo un mal hábito, debes detenerte inmediatamente diciéndote literalmente ¡BASTA! A algunas personas les resulta útil escribir la palabra STOP en una hoja de papel y colocarla cerca de su área de trabajo o en un lugar visible, para recordarles que deben dejar el mal hábito al instante. También es útil buscar el apoyo de un familiar, amigo o compañero de trabajo que pueda observarte y avisarte cuando vuelvas a caer en tu mal hábito. Lleva un seguimiento de tus hábitos y recompénsate por romper con ellos.

Recuerda que no se supone que sea fácil. No te desanimes si sientes que no estás logrando el cambio. Es posible que tus hábitos incluso empeoren durante las primeras etapas. Esto puede ocurrir porque ahora estás intentando controlar algo que antes hacías automáticamente. Además, el mindfulness podría generar más tensión y ansiedad, lo que puede hacer que la frecuencia de tus hábitos aumente temporalmente. No te rindas, porque esta fase no durará para siempre.

Paso 4: Encuentra nuevas alternativas a tu mal hábito

Si tu mal hábito involucra el uso de las manos, puedes intentar mantenerlas ocupadas con una actividad alternativa, evitando morderte las uñas o arrancarte el cabello. Jugar con una pelota antiestrés podría ayudarte.

Algunas personas usan productos de manicura o cremas de manos para abordar el hábito de morderse las uñas, mientras que otras que tienden a frotarse los ojos utilizan maquillaje para desalentar este comportamiento. Asegúrate de identificar los tipos específicos de emociones que desencadenan tus malos hábitos.

Si sabes que tus hábitos son causados por el aburrimiento, la preocupación, la ansiedad o la tensión, trata de abordar ese factor emocional específico. Si tienes la mala costumbre de chismear, intenta ser más consciente cuando estés compartiendo una historia que no sea verdadera o que no deseas contar.

Si tiendes a ensuciar tu habitación, intenta desarrollar hábitos como limpiar las superficies después de prepararte la comida o servirte un vaso de leche.

Paso 5: Sé persistente y sigue tu progreso

La persistencia y la consistencia son factores cruciales para romper con un mal hábito. Nunca lograrás tu objetivo de cambiar tus hábitos si trabajas duro durante la primera semana y luego dejas que tu determinación disminuya después de unos días. Debes ser persistente y llevar un seguimiento de tus hábitos.

Es posible que nunca sea fácil romper con un mal hábito, especialmente si ya lo has tenido durante años. Es natural sentir la necesidad de rendirse. Sin embargo, debes convencerte de que rendirse no te ayudará. Intenta concentrarte en la recompensa por todo tu arduo trabajo: mejor salud, ser más productivo o ganar más dinero. Lleva un diario de hábitos y presta atención a los momentos en los que te des cuenta de que vuelves a hacer el hábito.

Paso 6: Afrontar los contratiempos

No existe una fórmula mágica ni una solución rápida para eliminar completamente un mal hábito. Los comportamientos que se han aprendido a lo largo de muchos años tienden a asomar sus feas cabezas hasta que los detienes por completo. Dado que los hábitos son bastante automáticos, podrían reaparecer en cualquier momento. Por lo tanto, es necesario desarrollar la conciencia (de la que hablaremos en capítulos posteriores) y la fuerza de voluntad para romper por completo con estos hábitos y evitar que vuelvan a surgir. Cuando experimentes algunas recaídas, trata de descubrir por qué sucedió y continúa esforzándote por tener éxito. Cuanto más trabajes en ello, más probable será que el hábito desaparezca.

También es útil comenzar con pequeños malos hábitos (volver a dormir después de que suena la alarma, morderse las uñas) para poder progresar hacia malos hábitos más grandes (procrastinar, mentir, endeudarte demasiado). Una vez que hayas abordado tus pequeños malos hábitos, estarás más inclinado a afrontar desafíos más grandes de frente.

A través de la TCC, puedes romper el hábito de manera efectiva y aumentar tus posibilidades de reducir la ansiedad, aumentar la confianza en ti mismo y vivir una vida mejor. Los malos hábitos son precursores de adicciones como el abuso de drogas, la bebida o el tabaquismo. Cambiar los malos hábitos te permitirá cuidar de ti y de tu familia.

Es fundamental ser consciente de tus malos hábitos, como dar golpecitos, morderte las uñas, hacer muecas, gestos repetitivos y pensamientos obsesivos. La mayoría de estos malos hábitos son causados por la timidez, la pasividad, la ira reprimida, los conflictos no resueltos, la depresión, el estrés acumulado y la tensión interna.

Es posible abordar los malos hábitos a través de la TCC, siguiendo los pasos mencionados anteriormente. Al experimentar algunos de los sentimientos que hemos analizado en este libro, lo mejor es buscar asesoramiento profesional para poder abordar adecuadamente los sentimientos no resueltos. La TCC es un tratamiento eficaz comprobado y practicar la atención plena también puede ayudar a aliviar la ansiedad y la tensión.

CAPÍTULO 11: MANEJO DE LA IRA

La ira es una emoción natural que todos sentimos, aunque a veces puede ser irracional o indeseada. Los psicoterapeutas se refieren a la ira como una emoción primaria que evolucionó como un mecanismo de supervivencia para protegernos de lo que percibimos como injusto.

Puede surgir una ira leve o moderada si nos sentimos irritados, estresados o cansados. Generalmente experimentamos estas sensaciones cuando nuestras necesidades básicas como seres humanos —como el alimento, el refugio o el sueño— no se satisfacen o se ven comprometidas de alguna manera.

Podemos enfadarnos en respuesta a una amenaza, crítica o frustración. Pero eso no significa necesariamente que sea una respuesta incorrecta o inadecuada. Las personas también se sienten enojadas por las acciones, opiniones y creencias de los demás, lo que puede afectar nuestra capacidad de comunicarnos eficazmente. Esto nos hace más propensos a decir o hacer cosas irracionales.

Ser irracional podría hacer que quienes nos rodean se sientan enojados, resentidos o amenazados. Todo esto puede perjudicar nuestra salud, ya que puede elevar nuestros niveles de estrés.

En algunos casos, la ira responde a la soledad, la amenaza, el miedo o la tristeza. Es fundamental tratar de comprender la causa raíz de nuestro enojo en cada situación, para que el problema pueda abordarse adecuadamente.

También debes tener en cuenta que la ira no es solo un estado de ánimo. Puede desencadenar cambios físicos como presión arterial alta, aumento del ritmo cardíaco y niveles elevados de hormonas como la adrenalina, preparando nuestro cuerpo para la respuesta de lucha o huida. Debido a estos efectos físicos, la exposición prolongada a la ira podría ser perjudicial para la salud y el bienestar.

Maneras de expresar la ira

Los seres humanos podemos expresar la ira de diversas formas. Varias expresiones de ira pueden afectar a las personas de diferentes maneras y manifestarse en diversas acciones. Los signos más típicos de la ira son tanto verbales como no verbales. Puede ser evidente que alguien siente ira por lo que dice, la forma en que lo dice o el tono de su voz. Esta emoción natural también puede expresarse a través del lenguaje corporal y otras señales no verbales, como apretar los puños, fruncir el ceño, mirar fijamente o tratar de parecer más imponente e intimidante. Algunas personas son expertas en internalizar su ira, lo que puede dificultar la detección de cualquier señal física.

Debido a nuestro instinto natural, muchas veces utilizamos la ira como una forma de salvaguardar nuestra especie o nuestro territorio en respuesta a posibles peligros o amenazas. Las razones pueden ser amplias, normalmente racionales, y a veces irracionales. La ira irracional puede hacer que sea difícil controlarla o incluso aceptar que estamos enojados. La TCC puede ser una herramienta útil para gestionar adecuadamente la ira.

Cinco razones importantes para controlar la ira

Lamentablemente, algunas personas recurren a la violencia cuando están enojadas, mientras que otras han aprendido a controlar sus sentimientos. Aunque es normal sentir ira, existen varias razones por las que necesitas controlarla.

1. La ira puede afectar tu salud

Los efectos típicos de la ira en la salud incluyen problemas digestivos, insomnio, depresión y dolores de cabeza. Si una persona está constantemente enojada, tiene mayor probabilidad de sufrir hipertensión, ataques cardíacos y derrames cerebrales. En un estudio publicado en el *Journal of the American College of Cardiology*, los investigadores descubrieron una conexión entre la hostilidad y la ira con las enfermedades cardíacas. Para personas sanas, pueden surgir problemas cardíacos; y para aquellas que ya padecen enfermedades cardíacas, el riesgo de un ataque cardíaco o derrame cerebral aumenta.

2. La ira puede afectar las relaciones

Las personas que siempre están enojadas tienden a actuar irracionalmente con quienes las rodean. Generalmente, se pronuncian palabras que pueden herir sentimientos y dañar relaciones de forma irreversible. Por eso es común el consejo de contar hasta diez antes de decir algo con ira.

3. La ira puede hacerte perder la concentración

Cuando siempre estás enojado en el trabajo, tu desempeño puede verse afectado significativamente y también tu relación con tus colegas. Incluso podría costarte el empleo. Cuando estás constantemente enojado en casa, pierdes la oportunidad de pasar tiempo de calidad con tu familia.

4. Te verás mayor

Una persona que siempre está con el ceño fruncido parecerá mayor, sin energía, y transmitirá un aura negativa. Mientras tanto, una persona que siempre sonríe lucirá joven, enérgica y abierta.

5. La ira afectará tu imagen personal

Si siempre estás enojado, esto puede afectar negativamente tu imagen como individuo. Lo último que quieres es que tus colegas, amigos y familiares te etiqueten como una persona tóxica con la que no es divertido estar cerca. Pronto notarás que siempre encontrarán maneras de evitarte.

Es cierto que la ira es una emoción normal, pero si no se controla, puede afectar tu vida social, tu salud física y tu estado mental. Sin embargo, tampoco es necesario reprimir la ira, porque demasiada represión puede provocar depresión. Una forma de gestionar la ira es mediante la Terapia Cognitivo-Conductual (TCC).

Pasos en el manejo de la ira a través de la TCC

No cumplir con las expectativas puede generar enojo. Cuando esperamos que las personas que nos rodean sean justas y no lo son, normalmente nos sentimos enojados. Cuando esperamos que nuestros compañeros nos respeten y no lo hacen, tendemos a enojarnos.

Siempre que hay una brecha entre nuestras expectativas y las cosas reales que están sucediendo, la ira puede aparecer y llenar esa brecha. Cada vez que alguien rompe las reglas que hemos establecido, actúa en contra de nuestras expectativas o no cumple con un acuerdo, se nos presenta la opción de enojarnos. Podemos ceder a la emoción o podemos optar por reprimirla. La expresión de nuestra ira depende de nuestra elección.

A través de la TCC, puedes gestionar eficazmente tu enojo y el primer paso en este proceso es reconocer tu elección. Hay muchas cosas que están fuera de nuestro control: nuestras emociones, sensaciones físicas, tentaciones, otras personas, el pasado, el futuro o incluso el simple tiempo. Pero la clave en el manejo de la ira es ser conscientes de nuestra capacidad para elegir cómo responder a los puntos desencadenantes de la ira.

Podemos elegir lo que queremos hacer en el contexto de sensaciones, emociones o pensamientos. Podemos elegir cómo interactuar con las personas que nos rodean, qué aprender de nuestro pasado y cómo responder al tiempo. Fundamentalmente, también podemos elegir si queremos centrarnos en cosas que están fuera de nuestro control o en aquellas que podemos controlar.

Una estrategia eficaz para reconocer esta decisión es sopesar los beneficios y costos de la respuesta de ira. Intenta imaginar a alguien que pueda manejar emociones fuertes de una manera que realmente admires y respetes. Llamémosle Juan. ¿Qué rasgos de carácter se te ocurren para describir a Juan? ¿Perdonar? ¿Confiado? ¿Calmado? ¿Frío? ¿Asertivo? Independientemente de la palabra que elijas, escríbela. Solo asegúrate de elegir a alguien cuyo carácter realmente admires y respetes. Después de esto, intenta responder las siguientes cuatro preguntas:

- ¿Cuáles son las ventajas de emular a Juan?
- ¿Cuáles son las desventajas de la ira?
- ¿Cuáles son los costos de la ira?
- ¿Cuáles son las ventajas de ser como Juan?

Luego, averigua si el costo de la ira supera los beneficios. ¿Están al mismo nivel? ¿Es el costo de la ira mayor que sus beneficios?

Utiliza un número específico para describir el análisis de costo-beneficio: 100 a 0, 90 a 10, 80 a 20, 70 a 30, 60 a 40, 55 a 45, 50 a 50. Repite estos pasos con los beneficios y costos de seguir el estilo de Juan:

Beneficios de la ira

- Puede ser constructivo
- Permite la expresión de emociones
- Proporciona un impulso.

Valor: 20

Desventajas de la ira

- Puede empeorar mucho la situación
- Puede afectar mi salud física
- Puede lastimarme física y emocionalmente
- Puede ser perjudicial para mí y las personas que me rodean.

Valor: 80

Beneficios de ser como Juan

- No tendré la carga de guardar rencor
- Puedo responder de manera constructiva
- Puedo seguir adelante, lo cual es importante para alcanzar la felicidad
- No me quedo en la ira.

Valor: 60

Costo de ser como Juan

- A la gente no le importará cómo las cosas podrían afectarme
- La gente probablemente seguirá haciendo cosas que me molestan
- Podrían aprovecharse de mí.

Valor: 30

Recuerda, el costo de la ira es en realidad el costo de la agresión. Aunque puede resultar difícil controlar nuestra ira, aún tenemos control total sobre lo que podemos hacer con esta emoción.

Podemos elegir ser pasivos, agresivos, asertivos con enojo o pasivo-agresivos. Todo se reduce a nuestras preferencias. Sentir ira puede acelerar fácilmente nuestra respuesta emocional y puede presentar la ilusión de que no tenemos otra opción. Sin embargo, debemos rediseñar nuestras vidas considerando cómo elegimos lidiar con nuestra ira.

1. Reconocer que se ha producido una violación de normas

En el contexto de la TCC para el manejo de la ira, el primer paso es reconocer una violación de normas. Seguimos normas y expectativas que guían nuestro comportamiento. También utilizamos estas normas para determinar cómo esperamos que se comporten las personas que nos rodean. A veces también sentimos el peso de las normas impuestas por los demás. Esto genera presión, culpa e ira. ¿Te resultan familiares las siguientes afirmaciones?

- Debería tener control total de esta situación.
- ¿Tiene la audacia de presentarse ante mí?
- ¡Esa persona debería escucharme!
- Mi madre debería apoyarme en esto.

Mucha gente expresa estos pensamientos en voz alta o internamente. Estas son solo algunas frases que reflejan expectativas. El problema es que, en la vida real, las personas no siempre se comportan según nuestras expectativas. De hecho, las personas pueden ser un obstáculo para nosotros: no nos escuchan y es posible que no tengamos control sobre los resultados de nuestras acciones.

Es fundamental que aprendamos a aceptar la situación dada: aceptar la realidad en lugar de negarla o desear que sea diferente. Aunque tenemos control total sobre nuestras elecciones, la realidad es que tenemos un control mínimo sobre otras personas.

Así, podremos seguir un camino alineado con nuestros valores personales. El desafío es identificar cuáles son esos valores. Podemos descubrirlos a partir de lo que nos irrita, nos decepciona o nos enfurece. En particular, debemos identificar los valores positivos que guían nuestras decisiones.

Por ejemplo:

Si una persona dice algo como "Ese niño debería aprender a escuchar", muestra que valora la cooperación, la comprensión o la comunicación.

Si una persona dice algo como "Deberías aprender a trabajar conmigo", podría implicar que valoras el progreso, el respeto y la libertad.

No tenemos control sobre si otras personas responden respetando nuestros valores. Sólo podemos tener control sobre nosotros mismos.

También es crucial actuar de acuerdo con tus valores. Piensa en lo que quieres a largo plazo y en los pasos específicos que puedes dar en esa dirección.

La gente suele ignorar nuestras normas e interferir en nuestras vidas. Entonces, ¿cómo puedes responder de manera constructiva en una situación similar? Puedes responder con justicia, verdad y respeto. Intenta convertirte en la solución en lugar de ser parte del problema.

2. Reconocer los puntos débiles

A continuación, debemos evaluar nuestros puntos débiles cuando las personas violan nuestras normas. Algunas de ellas forman el núcleo de nuestro ser, mientras que otras son menos centrales.

Por ejemplo, una vez que sentimos ira, podemos preguntarnos: ¿qué es lo que realmente te causa dolor? Después de todo, la ira suele ser provocada por cosas o personas que consideramos injustas y, por lo tanto, objetables o desagradables. Esto puede reflejar nuestra confianza en nosotros mismos y en las personas que nos rodean.

Algunas personas responden la pregunta de esta manera:

- Me siento débil en esta situación.
- Me siento como una víctima en esta situación.
- Es insensible y grosero.

Algo que puede ser realmente doloroso es no poder cambiar el comportamiento de otras personas. Ten en cuenta que no existe una verdadera necesidad de cambiar a los demás, quienes son responsables de sus propias opiniones, conductas y creencias.

3. Piensa en tu respuesta

Luego, reflexiona sobre cómo puedes responder de manera constructiva a tus pensamientos de enojo. Hay una gran diferencia entre respuestas reactivas y reflexivas. Por ejemplo:

- Reactivo: ¡Qué idiota!
- Reflexivo: Es solo un ser humano que comete errores.
- Reactivo: ¡Qué grosero!
- Reflexivo: Quizás esté pasando por algo que yo no sé.

4. Responder a la ira

El siguiente paso se refiere a la respuesta real a la ira. Puedes manejar la ira a través de diferentes técnicas de relajación, como escuchar música, tocar un instrumento musical, la visualización o la meditación mindfulness.

Mientras tanto, otras personas también pueden reinterpretar la ira, viéndola como una energía que puede resolver un problema. Podemos utilizar la ira para hacer lo correcto según nuestros valores morales, principios y aquellos valores que son importantes para nosotros. La ira puede convertirse en un problema si la usamos para violar nuestros propios principios. Puede ser parte del problema si la utilizamos para tratar a las personas que nos rodean de maneras que nos resulten desagradables. Del mismo modo que Abraham Lincoln sentía aversión por la esclavitud, podríamos emplear la ira como una herramienta para una acción constructiva basada en nuestros principios.

5. Neutralizar

Una vez que aprendamos a responder adecuadamente a la ira, debemos observar más de cerca las creencias comunes que generalmente transforman la ira en agresión. La mayoría de las veces, se trata de excusas y racionalizaciones que podrían respaldar un comportamiento dañino:

- ¡Maldita sea! ¡Tengo razones válidas para estar enojado!
- No me interesa. ¡Ha cruzado el límite!
- ¡Se merece una bofetada por decirme esas cosas!

Debemos reconocer que estas ideas son ilusorias. Nos engañan para que dejemos de lado nuestros principios y, en cambio, nos dejemos llevar por la culpa, las demandas, el sarcasmo y las amenazas. Es importante recordar los beneficios de buscar la gracia, la empatía, la comprensión y la paciencia, así como los costos de ceder a la ira.

6. Evaluar conductas disfuncionales

Responder al enojo y optar por desconectarse no es el paso final en el uso de la TCC para gestionar el enojo. También debemos examinar con atención los comportamientos específicos que puedan surgir. Algunas personas sucumben al deseo de desahogarse: responden agresivamente e ignoran el bienestar de los demás.

Sin embargo, también podemos reaccionar de otra forma: evitando alimentar la ira. Esto se puede lograr fomentando la empatía. Intenta considerar su perspectiva, imagina lo que pueden sentir o pensar, y trata de ver realmente las cosas desde su punto de vista. Esto podría ayudarte a reducir tu enojo, a disminuir el enojo de los demás y a aumentar las probabilidades de que te escuchen. También podría aumentar tus posibilidades de entablar una conversación más razonable.

7. Evaluar los resultados

Finalmente, debemos trabajar en la gestión de la culpa y el resentimiento. Algunas personas tienden a ver cada episodio de ira como un revés o un fracaso. Sin embargo, cada episodio de ira podría utilizarse como una oportunidad para triunfar. La clave está en evaluar e intervenir en aquellas cosas que puedan estar desencadenando nuestra ira. A medida que nos familiarizamos con esta práctica, es posible que experimentemos una ira menos intensa.

Los siete pasos del manejo de la ira de la TCC señalan puntos específicos que podemos emplear para detener la ira. La mayoría de las veces, tendemos a ver la ira como algo urgente y, por lo tanto, podemos tardar en controlar esta emoción humana legítima. Otra perspectiva es ver la ira como una energía potencial que podría surgir si nuestras expectativas no se corresponden con la realidad. Es una energía que necesitamos para gestionar esa discrepancia y, en última instancia, para gestionar nuestras elecciones.

Manejar la ira a través de pasos específicos puede permitirnos tener mayor control de la situación y brindarnos más opciones para prevenir e intervenir.

CAPÍTULO 12: CONCIENCIA

La atención plena (mindfulness) es una técnica fundamental en psicoterapia que se utiliza principalmente para tratar la ansiedad, la ira, la depresión y otros problemas psicológicos. Aunque tiene sus raíces en el misticismo de culturas orientales, la ciencia ha estudiado ampliamente el tema y los psicoterapeutas incluso recomiendan la meditación mindfulness para personas con ciertos problemas de salud mental. Desarrollar la atención plena es una parte crucial de la TCC, así como de la DBT y la ACT. De hecho, es uno de los cuatro módulos de habilidades de la DBT.

Básicamente, la atención plena es un estado mental que se alcanza al enfocar nuestra conciencia en lo que sucede en el presente. También implica la aceptación serena de nuestros sentimientos, sensaciones y pensamientos.

El desafío de centrarse en el presente puede parecer trivial para algunos, pero en realidad es más fácil decirlo que hacerlo. Nuestra mente tiende a divagar, perdiendo contacto con el momento presente, y podemos quedarnos absortos en pensamientos obsesivos sobre cosas que sucedieron en el pasado o preocuparnos por el futuro. Sin importar cuánto se aleje nuestra mente del presente, podemos utilizar la atención plena para volver al instante a lo que estamos haciendo o sintiendo.

Aunque es natural ser conscientes de nuestros pensamientos y acciones, podemos cultivar esta habilidad a través de técnicas eficaces de ACT que aprenderás más adelante.

El mindfulness suele estar asociado con la meditación. Si bien la meditación es una manera eficaz de alcanzar la atención plena, existen otras prácticas. La atención plena es una forma de estar presente que se puede cultivar en cualquier momento. Es una forma de conciencia que logramos cuando nos enfocamos intencionalmente en el momento presente sin emitir juicios.

Elementos de la atención plena

La atención y la actitud son los dos elementos principales de la atención plena.

Atención

Muchos de nosotros sufrimos de lo que se conoce como "mente de mono", en la que nuestra mente se comporta como un mono que se balancea de un pensamiento a otro. Nuestra mente puede oscilar de un pensamiento a otro y, en general, no tenemos idea de cómo terminamos pensando en algo específico.

La "mente de mono" suele habitar en el pasado, reflexionando sobre lo que sucedió o sobre lo que creemos que debería haber sucedido si hubiéramos actuado de manera diferente. También puede proyectarse hacia el futuro, ansiosa por lo que podría suceder. Alimentar esta mente de mono nos priva de la experiencia del momento presente.

Recuerda, la atención plena es centrar nuestra atención en lo que está sucediendo ahora.

Actitud

Suspender el juicio y practicar la amabilidad son principios fundamentales de la atención plena. Por lo tanto, una persona verdaderamente consciente sabe aceptar la realidad sin discutir con ella. Esto puede parecer una tarea fácil, pero cuando empezamos a practicar la atención plena, nos damos cuenta de la frecuencia con la que nos juzgamos a nosotros mismos y a nuestros pensamientos.

A continuación se muestran algunos ejemplos de frases que usamos para juzgarnos a nosotros mismos y a los demás:

- No soy bueno en esta tarea.
- Mi camisa es horrible.
- No me gusta mi casa.
- Realmente no me agrada mi vecino.
- Qué mesera tan gruñona.

La atención plena es también el arte de calmar a nuestro juez interior. Nos ayuda a aclarar nuestras expectativas internas y a comprender mejor la realidad en el momento presente. Sin embargo, esto no significa que no debas hacer cambios necesarios; simplemente, te permite tener más tiempo para reflexionar sobre la situación antes de actuar. La principal diferencia es que puedes realizar cambios desde un estado mental más adecuado, y no durante momentos en los que te sientas afectado por la tensión o el estrés.

Además, la atención plena te permitirá ser más compasivo contigo mismo, entender mejor tu experiencia y estar más atento a las personas que te rodean. También te ayudará a ser más paciente y menos crítico si cometes errores. Cuando practicas la atención plena, puedes desarrollar una actitud más amable y compasiva.

Cómo la atención plena puede remodelar tu cerebro

En el pasado, se creía que el cerebro humano solo podía desarrollarse hasta cierto punto, normalmente desde la primera infancia hasta la adolescencia. Sin embargo, diversos estudios han demostrado que nuestro cerebro tiene la capacidad de reorganizarse mediante la formación de nuevas conexiones neuronales. Esto se conoce como neuroplasticidad, y prácticamente no tiene límites.

Los neurocientíficos han desafiado la antigua creencia de que el cerebro humano es un órgano estático e inmutable. Descubrieron que, a pesar de la edad, las enfermedades o las lesiones, el cerebro humano tiene la capacidad de compensar cualquier daño reconfigurándose. En pocas palabras, nuestro cerebro es capaz de repararse a sí mismo.

Otros estudios también respaldan la idea de que la atención plena puede ayudar significativamente al desarrollo del cerebro. En particular, ayuda en el proceso de neuroplasticidad. Es asombroso saber que podemos transformar nuestras emociones, sentimientos y procesos mentales a través de la neuroplasticidad y la atención plena.

Existen tres estudios clave que muestran cómo la atención plena puede reconfigurar el cerebro humano a través de la neuroplasticidad.

La atención plena puede mejorar la memoria, el aprendizaje y otras funciones cognitivas

Aunque la meditación de atención plena está relacionada con una sensación de relajación física y calma, los practicantes afirman que la práctica también puede favorecer el aprendizaje y la memoria.

Sara Lazar, profesora de la Facultad de Medicina de la Universidad de Harvard, fue pionera en un programa de meditación de 8 semanas que utiliza principalmente la atención plena. Con su equipo de investigación del Hospital General de Massachusetts, dirigió el programa para explorar la conexión entre la atención plena y la mejora de la función cognitiva.

El programa consistió en sesiones semanales de meditación y grabaciones de audio para los 16 voluntarios que practicaron meditación de manera individual. En promedio, los participantes practicaron meditación durante aproximadamente 27 minutos. El concepto detrás de la meditación de atención plena para la investigación era lograr un estado mental en el que los participantes suspendieran su juicio y se concentraran solo en las sensaciones.

A continuación, el equipo utilizó resonancia magnética (RM) para capturar imágenes de la estructura cerebral de los participantes. A un grupo de personas que no estaban meditando (el grupo de control) también se les pidió que se sometieran a resonancias magnéticas.

Los investigadores se sorprendieron por los resultados. Primero, los participantes del estudio revelaron que experimentaron importantes beneficios cognitivos que se reflejaron en sus respuestas a la encuesta de atención plena. Además, los investigadores también observaron diferencias físicas mensurables en la densidad de la materia gris, como lo respalda la resonancia magnética.

- Disminuyó la densidad de la materia gris en la amígdala, el área del cerebro responsable del estrés y la ansiedad.
- Hubo cambios significativos en las áreas del cerebro responsables de la autoconciencia, la introspección y la compasión.
- Aumentó la densidad de la materia gris en el hipocampo, la parte del cerebro responsable de la memoria y el aprendizaje.

Este estudio de Harvard revela que, gracias a la neuroplasticidad del cerebro y a través de la práctica de la meditación, podemos desempeñar un papel activo en el desarrollo de nuestro cerebro. Es emocionante saber que podemos hacer algo todos los días para mejorar nuestra calidad de vida y bienestar general.

La atención plena puede ayudar a combatir la depresión

Millones de personas en todo el mundo sufren de depresión. Por ejemplo, en Estados Unidos hay aproximadamente

19 millones de personas que toman medicamentos para combatir la depresión. Eso es aproximadamente el 10% de toda la población estadounidense.

El Dr. Zindel Segal, profesor de psiquiatría de la Universidad de Toronto, utilizó una subvención de investigación de la Fundación MacArthur para explorar los beneficios de la atención plena en el alivio de la depresión. La investigación, que se centró principalmente en impartir sesiones de reducción del estrés basadas en la atención plena, se consideró un éxito, lo que llevó a un estudio de seguimiento para estudiar la eficacia de la meditación de atención plena en pacientes que sufren de depresión. Esto resultó en la creación de la Terapia Cognitiva Basada en Mindfulness (TCBM).

En el estudio participaron pacientes que padecían depresión, y 8 de cada 10 experimentaron al menos tres episodios de depresión. Mientras tanto, alrededor del 30% de los participantes del estudio que experimentaron al menos tres episodios de depresión no recayeron durante más de un año en comparación con aquellos que siguieron la terapia prescrita (principalmente a través de antidepresivos).

El resultado fue sorprendente y se convirtió en precursor de varias investigaciones patrocinadas por las universidades de Oxford y Cambridge en el Reino Unido, cuyos estudios generaron resultados similares. Las investigaciones han demostrado ser significativamente valiosas en el uso de la meditación de atención plena como una alternativa eficaz y más saludable a los medicamentos, especialmente en el Reino Unido, lo que ha convencido a los profesionales de la salud mental a recomendar meditación de atención plena a sus pacientes.

Los estudios sobre meditación de atención plena y la Terapia Cognitiva Basada en Mindfulness (MBCT) están ganando terreno gradualmente en los círculos médicos y científicos de los Estados Unidos y otras partes del mundo.

La atención plena puede ayudar a aliviar el estrés

Un estudio realizado en la Universidad Carnegie Mellon reveló que practicar la atención plena, incluso durante 25 minutos al día, puede aliviar el estrés. En el estudio, realizado por el profesor David Creswell, participaron 66 participantes de entre 18 y 30 años.

Se les pidió a los participantes que se sometieran a una breve sesión de meditación que consistía en 25 minutos de atención plena durante tres días. A este grupo se les pidió que hicieran algunos ejercicios diseñados para concentrarse en su respiración mientras dirigían su atención al momento presente. El segundo grupo utilizó el mismo tiempo para leer poesía para mejorar sus habilidades de resolución de problemas.

Durante la fase de calificación, se pidió a todos los participantes que completaran tareas de matemáticas y expresión oral frente a los evaluadores, quienes los observaron con severidad. Todos los participantes informaron que sus niveles de estrés aumentaron y se les pidió muestras de saliva para medir los niveles de la hormona del estrés, el cortisol.

El grupo al que se le pidió que practicara la meditación de atención plena durante al menos 25 minutos durante tres días informó menos estrés por la tarea realizada, lo que demuestra que practicar la atención plena, incluso a corto plazo, podría aumentar la capacidad del cuerpo para controlar el estrés.

Curiosamente, este mismo grupo mostró niveles más altos de la hormona del estrés, lo cual sorprendió a los investigadores.

La investigación concluyó que cuando los participantes practican meditación de atención plena, necesitan trabajar activamente en el proceso, especialmente en una situación estresante. La tarea cognitiva puede resultar menos estresante para el individuo, a pesar del nivel elevado de cortisol.

El equipo ahora se está centrando en automatizar las sesiones de atención plena para hacerlas menos estresantes al reducir los niveles de cortisol. Pero está claro que, incluso en las primeras etapas, una práctica breve de meditación puede ser de gran ayuda para aliviar el estrés.

Otros beneficios del mindfulness

Aparte de los beneficios descritos anteriormente, la meditación mindfulness aporta grandes beneficios para nuestra salud emocional, mental y física.

Beneficios emocionales

La atención plena nos permite ser más compasivos. Quienes practican la meditación de atención plena muestran cambios en áreas específicas del cerebro que están asociadas con la empatía.

La meditación de atención plena disminuye nuestra reactividad a nuestras emociones. Un estudio realizado en el Hospital General de Massachusetts revela que el mindfulness reduce el tamaño de la amígdala, responsable del miedo, la ansiedad y la agresión.

La meditación de atención plena puede ayudarnos a evitar los pensamientos negativos, a los que nuestro cerebro suele recurrir una vez que los dejamos solos.

En 2007, se realizó un estudio entre estudiantes a quienes se les enseñaron estrategias de meditación. Reveló que la atención plena ayudó a los estudiantes a aumentar su concentración y disminuir las dudas, la ansiedad y la depresión. También se ha producido un descenso notable de las suspensiones y del ausentismo en los centros educativos donde se fomentan las sesiones de mindfulness.

La atención plena ahora también se utiliza para aliviar los síntomas de ansiedad y depresión. Muchos psicoterapeutas prescriben ahora la meditación de atención plena a sus pacientes que sufren episodios depresivos.

Beneficios para la salud mental

Un estudio publicado en el *Journal of Psychological Science* revela que los estudiantes que practicaron meditación antes de realizar un examen obtuvieron mejores resultados que los estudiantes que no lo hicieron. El estudio descubrió un vínculo entre la atención plena y una mejor función cognitiva.

La atención plena aumenta la actividad en el cingulado anterior, que es una parte del cerebro responsable de la memoria, el aprendizaje y la regulación de las emociones. También aumenta la actividad en la corteza prefrontal, que es responsable del juicio y la planificación.

La atención plena (mindfulness) está relacionada con una mejor concentración y una mayor capacidad de atención.

La meditación de mindfulness también favorece la creación de conexiones neuronales en el cerebro y se ha demostrado que facilita la transmisión de señales nerviosas mediante la mielina, una sustancia que recubre las neuronas.

Beneficios físicos

La respiración profunda puede desactivar nuestro sistema nervioso simpático, que es responsable de nuestra respuesta de lucha o huida, y activar el sistema nervioso parasimpático, encargado del descanso y la digestión.

La atención plena ayuda a reducir los niveles de cortisol, una hormona vinculada al estrés, que puede contribuir a la hipertensión.

En un estudio, los participantes que practicaron meditación de mindfulness redujeron su riesgo de sufrir un ataque cardíaco durante más de cinco años y también disminuyeron su presión arterial.

El mindfulness permite que nuestra mente sea más consciente de lo que comemos, y se ha integrado en programas de pérdida de peso.

La atención plena también podría ayudar a aumentar la telomerasa, una enzima que se cree puede reducir el daño celular. Se ha demostrado que la meditación de mindfulness favorece la producción de anticuerpos que combaten el virus de la gripe, lo que sugiere que la meditación puede ayudarnos a fortalecer nuestro sistema inmunológico.

¿Qué significa realmente mindfulness?

Mindfulness significa ser consciente de lo que ocurre en este momento, tanto en nuestro entorno como en nosotros mismos: nuestros pensamientos, emociones, sensaciones físicas y comportamientos. El propósito de esta conciencia es evitar que estos eventos nos controlen. Esta conciencia también debe ser libre de prejuicios y transitoria, es decir, nos centramos solo en los hechos y los aceptamos, evitando nuestras valoraciones u opiniones, para luego dejarlas ir.

Imagina que tu jefe te critica duramente por el trabajo que realizaste. Sabes que no lo mereces, ni las críticas ni la forma en que se expresaron, y por eso te enojas mucho.

Sin embargo, en lugar de dejar que tus emociones dicten tu respuesta, da un paso atrás, reflexiona sobre la situación y dite algo como esto: "Mi jefe está bajo mucha presión en este momento, está irritable y se irrita fácilmente. Sus críticas a mí fueron injustas. No las merecía, y por eso me enojé." Y luego, sigue adelante.

Los tres estados mentales

Existen varias habilidades de psicoterapia asociadas con el mindfulness, y el ejemplo anterior es solo una de sus aplicaciones. Quienes aprenden estas habilidades practican ejercicios como la meditación y la caminata consciente. Pero solo con este ejemplo podemos comprender y apreciar fácilmente los beneficios del mindfulness.

Se habla de lo que se llama la Mente Sabia, que es uno de los tres estados de nuestra mente. Es el equilibrio entre nuestra Mente Razonadora (cuando actuamos y nos comportamos basándonos únicamente en hechos y razón) y la Mente Emocional (cuando nuestros pensamientos y acciones están dictados por nuestros sentimientos). Cuando utilizamos nuestra Mente Sabia –la sabiduría que hay en cada uno de nosotros– reconocemos y aceptamos nuestros sentimientos, pero respondemos a ellos racionalmente.

La Mente Sabia es, de hecho, una de las primeras habilidades del mindfulness. Como se ilustra anteriormente, el mindfulness nos ayuda a gestionarnos y controlarnos bien, especialmente en situaciones inesperadas y emocionalmente intensas, donde es más probable que reaccionemos con nuestra mente emocional. Este beneficio por sí solo tiene muchas consecuencias positivas a largo plazo: mejores relaciones, mayor autoestima y respeto por uno mismo, mejores respuestas ante crisis inesperadas y menos síntomas de ansiedad y depresión.

Más importante aún, al ser consciente, también llegas a experimentar la vida de manera más plena.

Las habilidades de mindfulness también entrenan nuestra mente, lo que nos proporciona beneficios adicionales como una mejor memoria, mayor concentración y procesamiento mental más rápido. Nuestra ansiedad también se reduce y ganamos mayor control sobre nuestros pensamientos.

Habilidades básicas de mindfulness

Entonces, ¿qué son exactamente estas habilidades de mindfulness? Se dividen en tres grupos: Mente Sabia, las habilidades del "qué" y las habilidades del "cómo".

Mente Sabia

Como se explicó anteriormente, este es el estado intermedio entre nuestra Mente Razonadora y nuestra Mente Emocional, donde reconocemos tanto nuestra razón como nuestras emociones, y actuamos en consecuencia.

Las habilidades del "qué"

Estas habilidades responden a la pregunta: "¿Cuáles son las cosas que debes hacer para practicar mindfulness?" Las respuestas son:

1. Observar
2. Describir
3. Participar

Observar

Observar no es más que percibir y ser consciente de lo que nos rodea, de nuestros pensamientos, de nuestros sentimientos y de las sensaciones que experimentamos. Se trata de dar un paso atrás y reflexionar sobre nosotros mismos, especialmente para reorientarnos cuando estamos demasiado preocupados por nuestros propios problemas.

Describir

Describir es poner palabras sobre nuestras experiencias actuales, reconociendo lo que sentimos, pensamos o hacemos, y utilizando solo los hechos para hacerlo, sin incluir nuestras opiniones. Por ejemplo, nos decimos a nosotros mismos: "Tengo hambre en el estómago" o "Estoy pensando en mi madre". Hacer esto reduce las distracciones y mejora nuestra concentración.

Participar

Participar significa entregarse por completo a lo que estamos haciendo en ese momento (comer, hablar o sentirnos satisfechos). Nos sumergimos en la actividad y actuamos de manera espontánea.

Las habilidades de "cómo hacer"

Estas habilidades, en cambio, responden a la pregunta: "¿Cómo practicarás la atención plena?" Las respuestas son: (1) sin juzgar, (2) con cuidado y (3) de manera eficaz.

Sin juicio. Una actitud sin juicios es ver solo los hechos sin evaluarlos ni emitir opiniones personales. Aceptamos cada momento tal como es, incluidas nuestras circunstancias y lo que vemos en nosotros mismos: nuestros pensamientos, nuestros sentimientos, nuestros valores, etc.

Mente unificada. Practicar la atención plena con una sola mente significa hacer solo una cosa a la vez y prestarle toda nuestra atención, ya sea bailar, caminar, sentarse, hablar o pensar. Se trata de mantener nuestra atención y aumentar nuestra concentración.

De manera eficaz. Practicar la atención plena de forma eficaz significa tener claras nuestras metas y hacer lo necesario para alcanzarlas. Damos lo mejor de nosotros mismos y no dejamos que nuestras emociones se interpongan en nuestro camino.

Estas habilidades básicas de atención plena son fundamentales en la terapia dialéctica conductual y sustentan todas las demás habilidades. Se denominan habilidades de atención plena "básicas" porque existen otras habilidades o perspectivas sobre la atención plena que se practican con menos frecuencia. No hablaremos más de ello, pero entre estas otras perspectivas hay una tomada desde un punto de vista espiritual, pensada para aquellos que necesitan ayuda adicional en mindfulness a la luz de su espiritualidad.

Ejercicios de atención plena

Ahora que conocemos las habilidades, es hora de aplicarlas a ejercicios para que podamos verlas en acción. Lo que sigue son algunos ejercicios de mindfulness, una pequeña muestra de la gran cantidad de ejercicios que ya se han desarrollado para DBT.

Meditación

Observar el momento presente, sin juzgar, es el propósito de la meditación.

Para practicar la meditación, busca un lugar tranquilo donde no te molesten. El objetivo es realizar una meditación diaria de al menos 30 minutos. Para principiantes se recomiendan 10 minutos.

Siéntate en una silla o cojín en el suelo, con la espalda recta y cómoda, los brazos a los costados y las palmas de las manos sobre los muslos.

Luego, centra tu atención en tu respiración: presta mucha atención a la inhalación, exhalación y los sonidos que producen. Intenta mantener la atención en tu respiración durante todo el ejercicio. Tu respiración es lo que te conecta con el momento presente.

Sin embargo, tu mente pronto divagará, y eso está bien. Simplemente reconoce tus pensamientos sin juzgarlos y luego vuelve a centrar tu atención en tu respiración.

También puedes experimentar algunos sentimientos incómodos mientras meditas, y eso también está bien. Nuevamente, simplemente reconoce tus sentimientos sin juzgarlos y luego regresa tu atención a tu respiración.

Haz esto una y otra vez, volviendo siempre a respirar cada vez que te distraigas, hasta que se acabe el tiempo.

Caminar conscientemente

Caminar conscientemente es simplemente practicar la conciencia mientras caminas, para observar tu cuerpo físico y tu entorno.

Primero, toma nota de cómo se mueve tu cuerpo y cómo se siente al dar tus pasos. Nota la presión en tus pies y el dolor en tus articulaciones, si lo hubiera. Observa el aumento de tu frecuencia cardíaca.

Luego, expande tu conciencia a tu entorno. ¿Qué ves? ¿Qué sientes? ¿Qué hueles? ¿Sientes el viento o el calor del sol en tu piel?

Cinco sentidos

Se trata de utilizar tus cinco sentidos para observar el momento presente. Observa al menos una cosa que veas, oigas, sientas, huela o pruebes.

Respiración consciente

Puedes hacer este ejercicio de atención plena sentado o de pie. Si el momento y el lugar te permiten sentarte en la posición de loto, hazlo, de lo contrario no hay problema. Solo necesitas asegurarte de concentrarte en tu respiración durante al menos 5 a 10 minutos.

Empieza por inhalar y exhalar lentamente. Un ciclo de respiración debe durar aproximadamente seis segundos.

Recuerda inhalar por la nariz y exhalar por la boca. Deja que tu respiración fluya con naturalidad.

Mientras haces este ejercicio, asegúrate de poder dejar de lado tus pensamientos. Además, aprende a dejar ir las cosas que necesitas completar hoy o los proyectos pendientes que requieren tu atención. Deja que tus pensamientos fluyan solos y concéntrate en tu respiración.

Sé consciente de tu respiración, enfocando tu conciencia mientras el aire entra a tu cuerpo y te da vida.

Escucha atenta

Este ejercicio de atención plena tiene como objetivo desarrollar nuestra capacidad de escuchar conscientemente, sin juzgar. También es eficaz para entrenar nuestro cerebro a distraerse menos por los efectos de ideas preconcebidas y experiencias previas.

La mayor parte de lo que sentimos está influenciado por nuestras experiencias previas. Por ejemplo, odiamos una canción concreta porque nos trae malos recuerdos o algún momento de nuestra vida en el que nos sentimos realmente mal.

La escucha consciente está diseñada para permitirte escuchar música y sonidos neutros, con una conciencia presente que no está bloqueada por ninguna idea preconcebida.

Elige música o una canción que no te resulte muy familiar. Tal vez tengas algo en tu lista de reproducción que nunca hayas escuchado, o puedes optar por encender la radio para encontrar música que puedas escuchar. Cierra los ojos e inserta tus auriculares.

El objetivo es suspender tu juicio sobre cualquier música que escuches: su género, artista o título. Más bien, no tengas prejuicios sobre el género ni el artista, y trata de seguir el flujo de la música todo el tiempo.

Déjate sorprender por la música, aunque al principio no te guste. Deja ir tu juicio y permite que tu conciencia esté con el sonido.

Navega por las ondas sonoras discerniendo la vibración de cada instrumento musical utilizado en la música. Intenta separar cada sonido en tu mente y evaluarlo.

También estate atento a la voz: su tono y alcance. Si la música tiene varias voces, intenta separarlas como hiciste con los instrumentos musicales.

El objetivo aquí es escuchar mentalmente, entrelazándote completamente con la música sin ningún juicio o preconcepto sobre la música, el género o el artista. Este ejercicio requiere que escuches y no pienses.

Observación consciente

Este ejercicio de atención plena es uno de los más fáciles de realizar, pero también de los más potentes porque te permitirá apreciar los aspectos más simples de lo que te rodea.

Su objetivo es reconectarnos con la belleza de nuestro entorno, algo que a menudo ignoramos cuando conducimos al trabajo o incluso caminamos por el parque.

- Selecciona un objeto natural en el que puedas concentrarte fácilmente durante unos minutos. Puede ser la luna, las nubes, un insecto o un árbol.
- Trata de no hacer nada más que observar aquello en lo que has elegido concentrarte. Relájate e intenta concentrarte en el objeto tanto como tu mente te lo permita.
- Mira el objeto e intenta observar sus aspectos visuales. Deja que tu conciencia se llene de la presencia del objeto.
- Conéctate con el propósito y la energía del objeto dentro del entorno natural.

Conciencia consciente

Este ejercicio de atención plena tiene como objetivo desarrollar nuestra conciencia plena y apreciación de las tareas cotidianas simples, así como de los resultados que logran. Piensa en algo que hagas todos los días y que normalmente des por sentado, como cepillarte los dientes, por ejemplo.

Desde el momento en que tomas tu cepillo de dientes, detente unos instantes y sé consciente de tu presencia, de tus sentimientos en ese momento y de lo que esa acción está haciendo por ti.

Del mismo modo, cuando abras la puerta antes de salir y enfrentarte a la vida cotidiana, tómate unos momentos para quedarte quieto y apreciar el diseño de tu puerta de entrada al mundo.

Sin embargo, estas cosas no necesariamente tienen que ser físicas. Por ejemplo, siempre que sientas tristeza, puedes optar por tomarte unos momentos para detenerte, identificar el pensamiento como dañino, aceptar el hecho de que los humanos se vuelven tristes y luego seguir adelante: dejar ir la negatividad.

Incluso puede ser algo muy pequeño, como cada vez que ves una flor en el camino al trabajo, aprovecha el momento para detenerte y apreciar la belleza de verlo, disfrutando de ese deleite visual.

Elige un aspecto que realmente resuene contigo hoy y, en lugar de realizar tus tareas diarias de forma automática, tómate unos momentos para dar un paso atrás y desarrollar una conciencia plena de lo que estás haciendo y los regalos que estas acciones generarán en tu vida.

Apreciación consciente

En este ejercicio de mindfulness, observarás cinco cosas de tu día que a menudo pasas por alto. Estas cosas podrían ser personas, eventos u objetos. Depende de ti. Al final del día, anota las cinco cosas que notaste durante el día.

El objetivo de este ejercicio es básicamente mostrar gratitud y aprecio por las cosas que, aunque pueden parecer insignificantes, desempeñan un papel importante en nuestra vida cotidiana, pero que a menudo ignoramos porque nos concentramos demasiado en cosas más grandes y "más importantes". Hay tantas de estas pequeñas cosas que apenas notamos. Está el agua limpia que nutre tu cuerpo, el taxista que te lleva al trabajo, tu computadora que te permite ser productivo, tu lengua que te permite saborear ese delicioso almuerzo que preparaste.

Sin embargo, ¿alguna vez te has tomado unos momentos para detenerte y pensar en tu conexión con estas cosas y cómo desempeñan un papel en tu vida?

- ¿Alguna vez has dado un paso atrás y has observado sus detalles más intrincados y sutiles?
- ¿Alguna vez te has preguntado cómo sería tu vida si estas cosas no estuvieran presentes?
- ¿Alguna vez has apreciado cómo estas cosas te aportan algo valioso en tu vida y en la de las personas que te importan?
- ¿Sabes realmente cómo funcionan estas cosas o cómo surgieron?

Una vez que hayas identificado estas cinco cosas, aprende todo lo que puedas sobre su propósito y creación. Así es como realmente puedes apreciar cómo apoyan tu vida.

Inmersión plena

La inmersión plena es un ejercicio que te ayudará a desarrollar la satisfacción en el momento presente y a dejar de lado la preocupación constante sobre lo que el futuro te depara.

En lugar de querer hacer con ansiedad nuestro trabajo diario para poder pasar al siguiente punto de la lista, podemos tomar la tarea y experimentarla plenamente. Por ejemplo, si tienes que lavar los platos, concéntrate en los detalles específicos de la tarea. En lugar de tratarlo como una tarea doméstica común, opta por desarrollar una experiencia completamente nueva observando de cerca cada aspecto de lo que haces.

Siente el correr del agua cuando lavas los platos. ¿Es agua fría? ¿Es agua caliente? ¿Cómo se siente el agua corriente en las manos mientras lavas los platos? Tómate un momento para notar el movimiento que usas al limpiar los platos.

El concepto es ser creativo y encontrar nuevas experiencias en una tarea que es bastante monótona y muy común. En lugar de apresurarte y pensar constantemente en completar la tarea, sé consciente de cada paso y sumérgete completamente en el proceso. Elige llevar la tarea más allá de la rutina, alineándote con ella mental, física e incluso espiritualmente, si eres del tipo espiritual.

La conciencia es para todos

Ahora que ya sabes qué es el mindfulness, sus beneficios, las habilidades asociadas a él y los ejercicios para incrementarlas, los necesitarás no solo en TCC, sino también en DBT y ACT, como verás en los siguientes capítulos.

Sin duda, estar más atento y aprender estas habilidades es muy útil y gratificante. No es solo una opción de tratamiento para quienes padecen un trastorno mental. Aprender a actuar sabiamente a pesar de nuestros sentimientos irracionales y estar más atentos a nosotros mismos y a lo que nos rodea definitivamente nos traerá más felicidad y satisfacción en esta vida. Cultivar nuestra capacidad de ser conscientes de cada momento de nuestra vida es una práctica que nos beneficia, ayudándonos a gestionar mejor los pensamientos y sentimientos negativos que pueden provocarnos ansiedad y estrés.

Mediante la práctica regular de ejercicios de mindfulness, no caerás fácilmente en los malos hábitos y no te dejarás influir por el miedo al futuro ni por las experiencias negativas del pasado. Finalmente, desarrollarás tu capacidad para centrar tu mente en el presente y afrontar los desafíos de la vida de una manera asertiva pero tranquila.

A su vez, puedes reconfigurar tu cerebro para adoptar una mentalidad plenamente consciente, libre de patrones de pensamiento autolimitantes, lo que te permitirá estar completamente presente y enfocado en emociones positivas que puedan fortalecer tu compasión y, finalmente, ayudarte a comprenderte a ti mismo y a las personas que te rodean.

CAPÍTULO 13: CONSEJOS PARA LA TERAPIA COGNITIVO-CONDUCTUAL

Estos valiosos consejos pueden servirle como pautas en su búsqueda por controlar su vida.

1. **Sea siempre positivo.** Esta debería ser tu regla de oro. No tienes tiempo para ser negativo, porque si lo eres, todo tu esfuerzo y tus problemas serán en vano. La TCC es optimismo.
2. **Haz tu tarea de manera constante.** Así es como puedes aprender nuevas habilidades y vencer tus miedos. Haz tu tarea todos los días. Mientras lo haces, también estás fortaleciendo tu mente. Piensa en ello como tu tarea "eterna". Aprende a disfrutarla.
3. **Puede ocurrir una recaída.** Entonces, tienes que seguir trabajando en ti mismo. No solo aprenderás a manejar tu miedo y tu ira, sino que también tu personalidad cambiará para mejor.
4. **Practica notar los comportamientos automáticos negativos.** Esto te ayudará a evitar que pensamientos negativos invadan tu mente. Tu mente provoca tus comportamientos. Si piensas negativamente, actuarás negativamente. Por lo tanto, practica rechazar los pensamientos negativos tan pronto como aparezcan.

5. **La TCC puede resultar difícil al principio.** Sin embargo, a medida que practiques y te familiarices con el proceso, te sentirás más cómodo. Además, es posible que no veas cambios visibles en tu personalidad durante meses. Pero si perseveras, poco a poco te transformarás en la mejor versión de ti mismo.
6. **La TCC no es para todos.** Las personas con trastornos psicológicos graves pueden necesitar medicación y tratamientos farmacológicos. Si después de varios meses no experimentas mejoría, debes buscar tratamiento en otro lugar.
7. **Las habilidades cognitivas son fundamentales.** Debes desarrollar habilidades cognitivas, como el replanteamiento, el pensamiento positivo y actividades similares para que la TCC tenga éxito. Mejora tus habilidades cognitivas para poder aplicar la TCC de manera efectiva.
8. **Se recomienda leer más recursos de autoayuda.** Deberías leer más materiales de autoayuda. Estos recursos pueden ayudarte en tu proceso. Con las aplicaciones en línea disponibles, puedes navegar en Internet para lograr tus objetivos. También existen interfaces informáticas interactivas para la TCC que puedes explorar.
9. **La TCC puede evitar que los pacientes con ansiedad empeoren.** Algunos expertos han descubierto que los pacientes ansiosos se han recuperado lentamente de sus trastornos. La TCC ayudó a tratar sus trastornos de ansiedad. Este es un hecho que los expertos reconocen. Ten fe y haz tu tarea.
10. **Puedes obtener apoyo emocional de tu familia.** Si sientes que necesitas apoyo emocional, puedes pedirles a tus familiares y amigos que te ayuden en tu proceso. Recibir una palmada en la espalda y un cálido abrazo puede hacer maravillas con tu ánimo.

11. **La TCC o TCC computarizada pueden tratar la depresión y la ansiedad.** Esta es una versión moderna de la TCC. Se ha demostrado que es tan eficaz como la TCC tradicional, aunque lo ideal sigue siendo el contacto cara a cara.
12. **No te rindas fácilmente.** Avanza con determinación, incluso cuando las cosas no salgan como esperas. Puede haber momentos en los que te sientas desanimado durante la terapia porque sientas que nadie te apoya y que no estás mejorando. Aquí es cuando más necesitas la TCC. Aplica lo que has aprendido en estas situaciones.
13. **La autoconciencia es una parte esencial de la TCC.** Si no eres consciente de ti mismo, no podrás tener éxito en la TCC. Esto se debe a que la TCC implica entender tus propios pensamientos, sentimientos, acciones y comportamientos.
14. **Llevar un registro es fundamental para la TCC.** Si no registras o escribes tus pensamientos, te será difícil seguir tu progreso y evaluar los resultados. Además, cuando tienes algo que registrar, significa que estás practicando la TCC.
15. **Después de un trabajo bien hecho, felicítate.** Lograste tu objetivo gracias a tu dedicación y esfuerzo. La TCC no tendrá éxito si no te comprometes a hacer bien el trabajo. ¡Felicidade

CONCLUSIONES

Vivir con una enfermedad mental no siempre es fácil, ya sea un trastorno depresivo mayor, un trastorno de ansiedad generalizada, un trastorno de ansiedad social o fobia social, un trastorno obsesivo-compulsivo (TOC) o cualquiera de los otros trastornos.

Con la terapia cognitivo-conductual (TCC) es posible transformar una vida difícil y llena de sufrimiento en una vida más plena y satisfactoria. Ya no tendrás que simplemente sufrir todas las emociones y experiencias negativas causadas por tu trastorno, sino que podrás transformar tu vida con algunas técnicas sencillas y esfuerzo constante.

Los estudios han demostrado consistentemente que la TCC es una de las opciones de tratamiento más efectivas tanto para la depresión como para la ansiedad, con los mejores resultados a largo plazo. Los medicamentos por sí solos rara vez son suficientes para tratar estos trastornos de manera eficaz, pero al añadir la TCC, puedes mantener tu salud mental bajo control y prevenir recaídas.

Ahora tienes toda la información necesaria para recuperar tu salud mental y tomar el control de tu vida. Puedes empezar a disfrutar de la vida, sonreír y reír de nuevo, sin que los pensamientos depresivos y ansiosos te dominen. Lo único que necesitas hacer es dar el primer paso.

www.ingramcontent.com/pod-product-compliance
Lightning Source LLC
LaVergne TN
LVHW051354061026
849535LV00009B/3185